さあ始めよう
道徳科授業づくり入門

小学校実践事例
全11本収録

監修：七條正典　植田和也
編著：清水顕人　山本健太

美巧社

監修者のことば

香川大学　名誉教授（高松大学　教授）　　七條　正典

本書の発刊に際して、「道徳科の授業づくりの基礎・基本を再確認する」ことが、その趣旨の一つとして挙げられている。そこで重要となることは、「道徳科の授業の成立要因は何か」ということである。若年教員からの「道徳科の授業をどのようにつくっていけばよいのか」、ベテラン教員からの「これまでの道徳授業とは何が違うのか」という声に応えようとするならば、「道徳科の授業と言えるための要件」を具備しているかどうかということは重要な鍵となる。

元筑波大学教授の高橋進は、月間『道徳教育』（1984年4月号）の中で、「道徳の授業はいかにして成り立つか」という主題のもと、「道徳授業になっているか、なっていないか」について、①道徳授業の特質の把握、②教師の道徳観、③子どもの声を本当に聞いているかという視点から考察している。そこから学べることは、道徳科の授業の成立要件として、①その特質を踏まえていること、②指導する教師の道徳観（「われ・人ともによく生きる」ことを学べる道徳科の授業の具現化を図る）が問われていること、③教えるよりも子どもの内なるものを引き出すことの大切さである。

今回（平成27年）の学習指導要領において示された道徳科の目標では、道徳科の特質を明確化するとともに、道徳授業のイメージが持てるよう改善が図られている（①の視点）。そして、「考え、議論する道徳」につながる具体的な指導方法についても、方法論ありきではなく、子どもたちの「主体的・対話的で深い学び」を促す視点（③の視点）から、どのような指導方法が望ましいかということがポイントとなる。さらに、先の高橋が示した「われ・人ともによく生きる」ことを学べる道徳科の授業の具現化（②の視点）こそ、今回の改訂の根幹となる「主体的・対話的で深い学び」につながるものとなろう。

本書において述べられている道徳科の授業づくりの基礎・基本や、そのための工夫の視点、そして紹介されている授業事例は、まさに、高橋が考察した「道徳科の授業はいかにして成り立つか」という視点、及び今回の改訂で示された新学習指導要領の求めるこれからの道徳科の授業として具備すべき要件を踏まえてまとめられたものである。ぜひ、本書を参考にして、道徳科の特質を生かした子どもたちの心に響く道徳科の授業づくりにチャレンジしていただきたい。

監修者のことば
～温故知新～

香川大学　教授　　植田　和也

「道徳教育に携わる指導者が、はっきりとした道徳観を持つべきことは、いうまでもない。」

これは、香川県教育委員会により昭和34年３月に発刊された「道徳教育要領小学校編」の冒頭部分の言葉である。全12章の259頁にわたり、第１編道徳教育総論、第３編小学校の道徳教育としてまとめられている。驚くことに、所在の確認はできていないが第２編は幼稚園の道徳教育、第４編中学校の道徳教育、第５編高等学校の道徳教育、第６編家庭の道徳教育としても別にまとめられているようである。

昭和33年の特設道徳以来、その後６回目の改訂で特別の教科道徳が誕生することとなったが、香川県においては七條正典先生も勤務された附属高松小学校が香川県の道徳教育の発信拠点として長年、実践研究を積み重ねてこられ、香川の道徳教育を牽引されてきた。そして、平成26年頃から令和にかけて、附属坂出小学校が個々の研究教科を超えて、全教員で道徳教育に取り組み始めたのである。その流れを生み出す大きな役割を果たされたのが、清水顕人准教授や山本健太教諭であった。その過程において、研究会の体育館における道徳の全体授業にも、山本健太教諭が初めて挑戦された。令和２年度には道徳科に関する授業づくりワークショップにもオンライン併用で取り組まれて、まさに発信拠点としての大きな役割を果たしている。

本書には、その過程において地道に取り組まれてきた実践の知恵や工夫が具体的に紹介されている。まさに、指導方法に不安をもたれる若手教員にとっても、教科化になって何をどのように意識することが大切なのかを知りたい先生方にとっても大変参考になる書である。実践事例を通して、各々の道徳科の授業づくりに関する指導観だけでなく、内容項目の深い理解とともに自らの道徳観を見つめなおす一助としてほしい。特に、第１章においては、解説の関連ページを示しているので、併せて再確認をしながら読み進めることをお勧めしたい。ぜひ、本書を参考にして、道徳科の授業が一歩ずつ改善・充実することにつながることを願いたい。

香川大学教育学部附属坂出小学校長のことば

香川大学　教授　　坂井　聡

道徳が教科化され、現場の教員には質の高い道徳科の授業が求められるようになっています。しかし、一方で現場の教員は、「どのように教科としての道徳科に向き合っていけばよいのか」「これまでの道徳とは何が違うのか」といった問題に頭を悩ませているのが現状ではないかと思います。

本校では、以前より道徳の教科化を見据えた実践に取り組んできました。今現場が直面しているのと同じように、先述の悩みについて、それらを解決するために試行錯誤してきたのです。

そのような中で、これまでの試行錯誤の結果を振り返ることで見えてくるものがあり、それらをまとめて形にすることが、現場で困っている先生方の少しでも力になれるのではないかという提案がなされ、形になったのが本書です。

本書には、これまでの道徳の授業の実践の試行錯誤から導き出された理論として大切にしたいことや、多様な指導方法が示され、そこには、特別支援教育の視点も入っており、その配慮点も示しています。また、経験の浅い先生方向けの道徳科の授業づくりの基礎・基本がわかりやすく示されており、それらを再確認することもできるようになっています。現場で指導する教員が、すぐに授業として実践することができるように工夫しているのも、本書の特徴です。

ぜひ、本書を参考にして、道徳科の授業実践をしていただけたらと思います。ベテランの先生方はアレンジして、経験の浅い先生方は、この実践をそのままコピーしていただき道徳科の授業の腕を磨いていただければと思います。

本書は、香川大学教育学部附属坂出小学校の授業実践をまとめていますが、それは、道徳の教科化以前から道徳の授業を実践してきた、本校のOBである香川大学教育学部の清水先生、そして、本校で道徳科を主として担当している山本を中心に、全教員がチームとして実践してきたからこそできたものであると思っています。本書は、熱心な授業研究と授業討議、そして授業改善、本校に脈々と受け継がれてきた伝統が凝縮され一つの形になったものだと思っています。是非ご一読いただき、忌憚のないご意見、ご感想を賜ればと思っています。

今後ともご指導いただければ幸いです。

はじめに

清水　顕人・山本　健太

「道徳科の時間のまとめはどうすればよいですか」

これは、公立学校の若手の先生方からよくいただく質問です。「まとめ」が何を意味しているのかにもよるとは思いますが、おそらくは他教科の授業の終末に見られるような「授業で学んだこと」を黒板に書き、共有するということでしょう。結論から言うと、道徳科の特質を踏まえた授業であれば、学級全員にとって唯一の「まとめ」なるものが最後に待っているということは無いはずです。しかし、そのような質問が出てくるということは、道徳は教科化によって他の教科と同じような流れで指導を行うようになったという誤解があるのではないかと感じています。

「子どもをうまく誘導できないのですが、どうすればよいですか」

これは、附属学校での教育実習に臨む大学生から聞かれた質問です。この質問をした学生は、道徳科の授業に対して、唯一絶対の価値に向かって子どもたちを誘導するという誤ったイメージをもっていたと考えられます。その学生自身が、子どもの頃に、そのような道徳の授業を受けてきたのかもしれません。

本書は、そのような若手の先生方やこれから教師を目指す学生の皆さん、またその指導を行う立場の先生方を対象に、道徳科の授業づくりの基礎・基本について、できるだけ分かりやすい書となることを目指して執筆編集しました。第1章では「学習指導要領解説 特別の教科 道徳編」を中心に、道徳科の授業づくりの基本的な考え方や留意点をまとめました。第2章では、道徳科の授業をさらに充実させるための手立てなどを記しました。第3章では、授業実践を11事例紹介しています。事例の紹介にあたっては、公立学校の先生方から教材や授業に対する声をいただくとともに、教具や支援方法、発問、板書など、できるだけ具体的に示しました。また、すべての実践は、香川大学教育学部附属坂出小学校において行われた研究授業を基に、参観者からいただいたご意見を反映させ、よりよい授業となるように検討して提案しています。

子どもたちが心待ちにするような道徳科の授業づくりに向けて、本書が少しでもお役に立つことを願っています。

目　次

第3章 「特別の教科　道徳」の授業事例（小学校）

第1章

道徳科の授業づくり基礎・基本

1　「道徳教育の目標」と「道徳科の目標」を確かめよう
2　道徳科で大切にしたい学習を理解しよう
3　内容項目を深く理解しよう
4　教材を読み込み、中心的な発問と基本発問を考えよう
5　学習指導案を作成しよう
6　指導方法を工夫しよう
7　評価について理解しよう
8　家庭や地域に発信しよう

1　「道徳教育の目標」と「道徳科の目標」を確かめよう

小：10～、16、20～21
中：8～、13、17～18
解説（道徳科）のページ

「なぜ道徳教育を行うのですか」「なぜ道徳の授業を行うのですか」という問いに、どのように答えますか。

（1）　道徳教育の目標と道徳科の目標

小学校学習指導要領（平成29年告示）の第1章　総則には、道徳教育の目標が次のように示されています。

> 道徳教育は、教育基本法及び学校教育法に定められた教育の根本精神に基づき、自己の（人間としての）生き方を考え、主体的な判断の下に行動し、自立した人間として他者と共によりよく生きるための基盤となる道徳性を養うことを目標とすること。
> ※下線は筆者による、（　）は中学校

また、第3章　特別の教科　道徳の第1には、道徳科の目標が次のように示されています。

> 第1章総則の第1の2の（2）に示す道徳教育の目標に基づき、よりよく生きるための基盤となる道徳性を養うため、道徳的諸価値についての理解を基に、自己を見つめ、物事を（物事を広い視野から）多面的・多角的に考え、自己の（人間としての）生き方についての考えを深める学習を通して、道徳的な判断力、心情、実践意欲と態度を育てる。
> ※下線は筆者による、（　）は中学校

つまり、「道徳性を養う」ために、道徳科を要として道徳教育を行うのです。それでは、道徳性とは何でしょうか。小学校学習指導要領解説　特別の教科　道徳編（以下、解説）には、

道徳性…人間としてよりよく生きようとする人格的特性

と示されています。そして、道徳性を構成する諸様相として次の4つを挙げています。

道徳的判断力：それぞれの場面において善悪を判断する能力

道徳的心情：道徳的価値の大切さを感じ取り、善を行うことを喜び、悪を憎む感情

道徳的実践意欲：道徳的価値を実現しようとする意志の働き

道徳的態度：具体的な道徳的行為への身構え

これら4つには序列や段階はありません。子どもたちの内面的資質として徐々に養われ、行為や人格に、潜在的、持続的に作用していきます。

(2) 学校の教育活動全体を通じて行う道徳教育

道徳教育と道徳科の関係は、右のような包含関係にあります。道徳科は道徳教育の要であり、どちらも「道徳性を養う」ことが目標です。道徳科の授業は週に1時間ですが、道徳教育はあらゆる教育活動を通じて行われます。

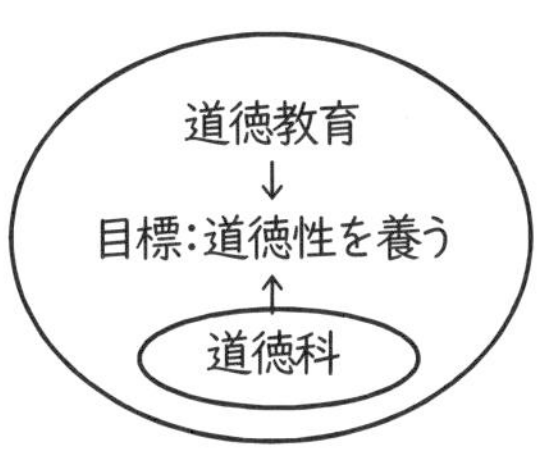

【道徳教育と道徳科の関係】

例えば、理科でメダカを飼育し、卵からメダカが誕生した時、教師はどのように子どもたちに声をかけるでしょうか。卵の色や形などを正確に記録しましょう、と言うだけではないでしょう。新しい生命の誕生に対する喜びや、生命の連続性に対する感動を共有し、大切に育てるように促すでしょう。メダカが死んだ時には、子どもの悲しみに寄り添い、その思いを聴くはずです。そこには、生命を尊重するという道徳的価値に基づく関わりがあるのです。

また、廊下を走っている子どもを見たとき、教師はどのように関わるでしょうか。走っているのを止めて叱るだけではないでしょう。子どもたちは廊下を走ってはいけないことを知っていますから、なぜそのような決まりがあるのか、ついつい走ってしまうのはどうしてかなど、短い時間の中で子どもたちに問いかけながら望ましい行動へと導くのではないでしょうか。ここにも道徳的価値に基づく関わりがあり、広い意味での道徳教育があるのです。

このように、教師は子どもたちとの日々の関わりの中で、道徳教育を行います。その際に大切なのは、教師が道徳教育を意識して、計画的に関わるということです。

(3) 道徳教育を意識し、計画的に関わる

子どもが廊下を走るのを待って、「節度, 節制」や「規則の尊重」について偶発的に指導するというわけにはいきません。各教科等における道徳教育を意識して子どもたちに関わることが大切です。

また、各学校においては、道徳教育の全体計画に基づき、道徳科の年間指導計画が作成されています。道徳科と各教科等との関連や他の教育活動との関連が分かる「別葉」の整備も求められていますので、確認しておきましょう。こうして、学校としての道徳教育の進め方を全職員で共通理解し、子どもたちに意図的・計画的に関わることで、道徳性を養います。

2　道徳科で大切にしたい学習を理解しよう

小：16～20
中：13～17
解説（道徳科）のページ

道徳科の学習で大切にしたいことは、道徳科の目標に示されています。

（1）　道徳科の目標に示されている学習の４つのポイント

第１章総則の第１の２の（2）に示す道徳教育の目標に基づき、よりよく生きるための基盤となる道徳性を養うため、①道徳的諸価値についての理解を基に、②自己を見つめ、③物事を（広い視野から）多面的・多角的に考え、④自己の（人間としての）生き方についての考えを深める学習を通して、道徳的な判断力、心情、実践意欲と態度を育てる。
※①～④と下線は筆者による、（　）は中学校

道徳科では、①～④のポイントを大切にして学習活動を進め、道徳性を養います。

①　道徳的諸価値について理解する

道徳的価値とは、「道徳的なよさ」であり「人間としてのよさを表すもの」です。解説には「よりよく生きるために必要とされるものであり、人間としての在り方や生き方の礎となるもの」と示されており、以下の３点の理解が重要です。

【価値理解】道徳的価値は大切であると理解すること

【人間理解】道徳的価値は大切だが、なかなか実現できない人間の弱さなども理解すること

【他者理解】道徳的価値を実現したり、実現できなかったりする場合の感じ方、考え方は多様であるということを理解すること

さらに中学校では、【自己理解】や【自然理解】についても理解を深められるようにすることが重要とされています。また、複数の道徳的価値の関連を考えながら理解することが大切ですので、「道徳的諸価値」と表現されています。

②　自己を見つめる

自己を見つめるとは、解説には「これまでの自分の経験やそのときの感じ方、考え方と照らし合わせながら、更に考えを深めること」と示されています。道徳的価値に関わる事象を、単に教材の中での事例として捉えるのではなく、自分との関わりで価値理解や人間理解、他者理解を捉えることで、道徳的価値の理解を図ります。

③　物事を（広い視野から）多面的・多角的に考える

グローバル化が進展し、様々な文化や価値観を背景とする人々と相互に尊重し合いながら生きていく子どもたちにとって、他者との対話や協働を通して、多様な感じ方や考え方に接し、多様な価値観にふれることが重要です。そのような過程を通して、道徳的価値を自分なりに発展させていくことへの思いや課題が培われます。

④　自己の（人間としての）生き方についての考えを深める

①～③の過程を通して形成された道徳的価値観を基盤として、子どもたちは自分の生き方についての考えを深めています。道徳科の学習では、特にそのことを意識させることが重要です。自己の生き方についての課題を考え、それを実現していこうとする思いや願いを深める学習が求められます。中学校においては、人生の意味をどこに求め、いかによりよく生きるかという人間としての生き方を深く考える学習につながっていきます。

(2)　４つのポイントから道徳科の授業を構想する

道徳科では、先の４つのポイントを大切にしながら授業を進めていきます。その際、①から④を学習過程として形式的に捉えるのではなく、４つのポイントを大切にして道徳的な価値を自覚できる授業を構想することが重要です。道徳的価値を概念的に理解するだけの授業では①にとどまっていると言わざるを得ません。また、読み物教材の登場人物の心情を理解するだけの授業では、②や④につながる学習とはなり得ません。この４つのポイントで授業を振り返れば、授業改善も図れるでしょう。

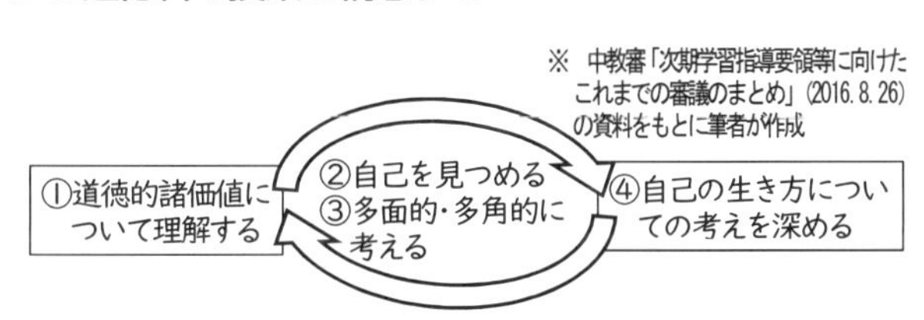

【道徳性の育成につながる道徳科の学習】

なお、入学前の子どもたちも、それぞれの育ちの中で道徳的な価値を自覚してきています。子どもの心を真っ白なホワイトボードだと考え、教師が道徳的価値を一律に書き込むような授業は、特定の価値観を押し付け、主体性をもたず言われるままに行動するように指導することに他なりません。子どもが既にもっている道徳的価値観をよく見取り、対話や協働を通して交流を促し、道徳性を養いたいものです。

３　内容項目を深く理解しよう

小：22～25
中：19～22
解説（道徳科）のページ

まず、教師が道徳科の内容項目を深く理解しましょう。

（１）　道徳科の内容

道徳科の授業で扱う内容について、解説には内容項目として以下のように示されています。

> 内容項目は、児童が（中学校３年間に生徒が）人間として他者と（共に）よりよく生きていく上で学ぶことが必要と考えられる道徳的価値を含む内容を、短い文章で平易に表現したものである。また、内容項目ごとにその内容を端的に表す言葉を付記している。これらの内容項目は、児童（生徒）自らが道徳性を養うための手掛かりとなるものである。
> ※（　）は中学校

解説には「節度，節制」「友情，信頼」「規則の尊重（中学校では「遵法精神，公徳心」）」などのように、内容を端的に表す言葉が付記されています。

これらの内容について、教師もこれまでの生活の中で道徳的価値を理解してきているでしょう。しかし、その道徳的価値に関わる考え方が独善的であってはいけません。つまり、それらの言葉に対して教師が個人的にもっているイメージだけで、授業を構想するようなことがあってはならないということです。解説をよく読み、まず教師が内容項目について深く理解しておくことが求められます。

また、例えば「家族愛」に「親切，思いやり」が関わっている場合があるように、ある内容項目を中心にいくつかの内容項目が関連し合っています。このような関連を十分に考慮したり、指導の順序を工夫したりして、子どもの実態に応じた適切な指導を行うことが大切です。

（２）　内容項目を分類整理する４つの視点

内容項目は以下の４つの視点で分類整理されています。

Ａ　主として自分自身に関すること
Ｂ　主として人との関わりに関すること
Ｃ　主として集団や社会との関わりに関すること
Ｄ　主として生命や自然、崇高なものとの関わりに関することこれらの視点は、子どもにとっての対象の広がりに沿って、ＡからＤへ配列されています。また、４つの視点は相互に深い関連をもっています。その関連を考慮しながら、各学年段階において４つの視点に含まれる全ての内容項目について適切に指導しなければなりません。

(3)　発達の段階に応じた内容構成

各内容項目は、解説の見開き２ページ分で説明されています。小学校の解説には中学校の、中学校の解説には小学校の内容項目についての説明も示されています。子どもの発達段階を考慮するとともに、小中の連携が強く意識されています。

小学生といっても、入学間もない頃と卒業前では、道徳的価値を認識できる能力の程度や社会認識の広がりなどは大きく異なります。小学校においては６年間の発展性を見通すとともに、さらに子どもたちが義務教育を終える中学校卒業までに、どのような内容で道徳的価値の理解がなされるのかを見据えて、道徳科の授業づくりを行うことが求められます。逆に、中学校では、小学校でどのような内容で道徳的価値の理解がなされてきたのかを踏まえて授業づくりを行いたいものです。できれば、小中両方の解説（合わせて４ページ分）を読み、内容項目を深く理解しましょう。

(4)　重点的指導の工夫と留意点

各学校では、子どもや学校の実態などを考慮して道徳教育の目標を設定し、重点的な指導を行います。学校として重点的に指導したい内容項目を選ぶことで、教育活動全体を通じた道徳教育において、全教職員の共通理解を図り、一貫した具体的な指導が行えます。その際の工夫として、解説には以下のように示されています。

・重点的に指導したい内容項目について、年間の授業時数を多く取る
・１つの内容項目を何回かに分けて指導する
・いくつかの内容項目を関連付けて指導する

また、内容項目は、子どもにとっては自らが道徳性を養うための手掛かりであり、教師にとっては子どもをよりよく理解するための手掛かりとなるものです。内容項目を窓口として、子どもが今もっている力を知り、授業を構成することが大切です。その際、内容項目に示されていることを、子どもたちの日常の生活に照らして、できるだけ具体的な子どもの姿を思い浮かべながら読むことが大切です。

内容項目一覧

		小学校第1学年及び第2学年（19）	小学校第3学年及び第4学年（20）
A 主として自分自身に関すること	善悪の判断，自律，自由と責任	(1) よいことと悪いこととの区別をし、よいと思うことを進んで行うこと。	(1) 正しいと判断したことは、自信をもって行うこと。
	正直，誠実	(2) うそをついたりごまかしをしたりしないで、素直に伸び伸びと生活すること。	(2) 過ちは素直に改め、正直に明るい心で生活すること。
	節度，節制	(3) 健康や安全に気を付け、物や金銭を大切にし、身の回りを整え、わがままをしないで、規則正しい生活をすること。	(3) 自分でできることは自分でやり、安全に気を付け、よく考えて行動し、節度のある生活をすること。
	個性の伸長	(4) 自分の特徴に気付くこと。	(4) 自分の特徴に気付き、長所を伸ばすこと。
	希望と勇気，努力と強い意志	(5) 自分のやるべき勉強や仕事をしっかりと行うこと。	(5) 自分でやろうと決めた目標に向かって、強い意志をもち、粘り強くやり抜くこと。
	真理の探究		
B 主として人との関わりに関すること	親切，思いやり	(6) 身近にいる人に温かい心で接し、親切にすること。	(6) 相手のことを思いやり、進んで親切にすること。
	感謝	(7) 家族など日頃世話になっている人々に感謝すること。	(7) 家族など生活を支えてくれている人々や現在の生活を築いてくれた高齢者に、尊敬と感謝の気持ちをもって接すること。
	礼儀	(8) 気持ちのよい挨拶、言葉遣い、動作などに心掛けて、明るく接すること。	(8) 礼儀の大切さを知り、誰に対しても真心をもって接すること。
	友情，信頼	(9) 友達と仲よくし、助け合うこと。	(9) 友達と互いに理解し、信頼し、助け合うこと。
	相互理解，寛容		(10) 自分の考えや意見を相手に伝えるとともに、相手のことを理解し、自分と異なる意見も大切にすること。
C 主として集団や社会との関わりに関すること	規則の尊重	(10) 約束やきまりを守り、みんなが使う物を大切にすること。	(11) 約束や社会のきまりの意義を理解し、それらを守ること。
	公正，公平，社会正義	(11) 自分の好き嫌いにとらわれないで接すること。	(12) 誰に対しても分け隔てをせず、公正、公平な態度で接すること。
	勤労，公共の精神	(12) 働くことのよさを知り、みんなのために働くこと。	(13) 働くことの大切さを知り、進んでみんなのために働くこと。
	家族愛，家庭生活の充実	(13) 父母、祖父母を敬愛し、進んで家の手伝いなどをして、家族の役に立つこと。	(14) 父母、祖父母を敬愛し、家族みんなで協力し合って楽しい家庭をつくること。
	よりよい学校生活，集団生活の充実	(14) 先生を敬愛し、学校の人々に親しんで、学級や学校の生活を楽しくすること。	(15) 先生や学校の人々を敬愛し、みんなで協力し合って楽しい学級や学校をつくること。
	伝統と文化の尊重，国や郷土を愛する態度	(15) 我が国や郷土の文化と生活に親しみ、愛着をもつこと。	(16) 我が国や郷土の伝統と文化を大切にし、国や郷土を愛する心をもつこと。
	国際理解，国際親善	(16) 他国の人々や文化に親しむこと。	(17) 他国の人々や文化に親しみ、関心をもつこと。
D 主として生命や自然、崇高なものとの関わりに関すること	生命の尊さ	(17) 生きることのすばらしさを知り、生命を大切にすること。	(18) 生命の尊さを知り、生命あるものを大切にすること。
	自然愛護	(18) 身近な自然に親しみ、動植物に優しい心で接すること。	(19) 自然のすばらしさや不思議さを感じ取り、自然や動植物を大切にすること。
	感動，畏敬の念	(19) 美しいものに触れ、すがすがしい心をもつこと。	(20) 美しいものや気高いものに感動する心をもつこと。
	よりよく生きる喜び		

小：26～27
中：24～25
解説（道徳科）のページ

小学校第5学年及び第6学年（22）	中学校（22）		
(1) 自由を大切にし、自律的に判断し、責任のある行動をすること。	(1) 自律の精神を重んじ、自主的に考え、判断し、誠実に実行してその結果に責任をもつこと。	自主，自律，自由と責任	A　主として自分自身に関すること
(2) 誠実に、明るい心で生活すること。			
(3) 安全に気を付けることや、生活習慣の大切さについて理解し、自分の生活を見直し、節度を守り節制に心掛けること。	(2) 望ましい生活習慣を身に付け、心身の健康の増進を図り、節度を守り節制に心掛け、安全で調和のある生活をすること。	節度，節制	
(4) 自分の特徴を知って、短所を改め長所を伸ばすこと。	(3) 自己を見つめ、自己の向上を図るとともに、個性を伸ばして充実した生き方を追求すること。	向上心，個性の伸長	
(5) より高い目標を立て、希望と勇気をもち、困難があってもくじけずに努力して物事をやり抜くこと。	(4) より高い目標を設定し、その達成を目指し、希望と勇気をもち、困難や失敗を乗り越えて着実にやり遂げること。	希望と勇気，克己と強い意志	
(6) 真理を大切にし、物事を探究しようとする心をもつこと。	(5) 真実を大切にし、真理を探究して新しいものを生み出そうと努めること。	真理の探究，創造	
(7) 誰に対しても思いやりの心をもち、相手の立場に立って親切にすること。	(6) 思いやりの心をもって人と接するとともに、家族などの支えや多くの人々の善意により日々の生活や現在の自分があることに感謝し、進んでそれに応え、人間愛の精神を深めること。	思いやり，感謝	B　主として人との関わりに関すること
(8) 日々の生活が家族や過去からの多くの人々の支え合いや助け合いで成り立っていることに感謝し、それに応えること。			
(9) 時と場をわきまえて、礼儀正しく真心をもって接すること。	(7) 礼儀の意義を理解し、時と場に応じた適切な言動をとること	礼儀	
(10) 友達と互いに信頼し、学び合って友情を深め、異性についても理解しながら、人間関係を築いていくこと。	(8) 友情の尊さを理解して心から信頼できる友達をもち、互いに励まし合い、高め合うとともに、異性についての理解を深め、悩みや葛藤も経験しながら人間関係を深めていくこと。	友情，信頼	
(11) 自分の考えや意見を相手に伝えるとともに、謙虚な心をもち、広い心で自分と異なる意見や立場を尊重すること。	(9) 自分の考えや意見を相手に伝えるとともに、それぞれの個性や立場を尊重し、いろいろなものの見方や考え方があることを理解し、寛容の心をもって謙虚に他に学び、自らを高めていくこと。	相互理解，寛容	
(12) 法やきまりの意義を理解した上で進んでそれらを守り、自他の権利を大切にし、義務を果たすこと。	(10) 法やきまりの意義を理解し、それらを進んで守るとともに、そのよりよい在り方について考え、自他の権利を大切にし、義務を果たして、規律ある安定した社会の実現に努めること。	遵法精神，公徳心	C　主として集団や社会との関わりに関すること
(13) 誰に対しても差別をすることや偏見をもつことなく、公正、公平な態度で接し、正義の実現に努めること。	(11) 正義と公正さを重んじ、誰に対しても公平に接し、差別や偏見のない社会の実現に努めること。	公正，公平，社会正義	
(14) 働くことや社会に奉仕することの充実感を味わうとともに、その意義を理解し、公共のために役に立つことをすること。	(12) 社会参画の意識と社会連帯の自覚を高め、公共の精神をもってよりよい社会の実現に努めること。	社会参画，公共の精神	
	(13) 勤労の尊さや意義を理解し、将来の生き方について考えを深め、勤労を通じて社会に貢献すること。	勤労	
(15) 父母、祖父母を敬愛し、家族の幸せを求めて、進んで役に立つことをすること。	(14) 父母、祖父母を敬愛し、家族の一員としての自覚をもって充実した家庭生活を築くこと。	家族愛，家庭生活の充実	
(16) 先生や学校の人々を敬愛し、みんなで協力し合ってよりよい学級や学校をつくるとともに、様々な集団の中での自分の役割を自覚して集団生活の充実に努めること。	(15) 教師や学校の人々を敬愛し、学級や学校の一員としての自覚をもち、協力し合ってよりよい校風をつくるとともに、様々な集団の意義や集団の中での自分の役割と責任を自覚して集団生活の充実に努めること。	よりよい学校生活，集団生活の充実	
(17) 我が国や郷土の伝統と文化を大切にし、先人の努力を知り、国や郷土を愛する心をもつこと。	(16) 郷土の伝統と文化を大切にし、社会に尽くした先人や高齢者に尊敬の念を深め、地域社会の一員としての自覚をもって郷土を愛し、進んで郷土の発展に努めること。	郷土の伝統と文化の尊重，郷土を愛する態度	
	(17) 優れた伝統の継承と新しい文化の創造に貢献するとともに、日本人としての自覚をもって国を愛し、国家及び社会の形成者として、その発展に努めること。	我が国の伝統と文化の尊重，国を愛する態度	
(18) 他国の人々や文化について理解し、日本人としての自覚をもって国際親善に努めること。	(18) 世界の中の日本人としての自覚をもち、他国を尊重し、国際的視野に立って、世界の平和と人類の発展に寄与すること。	国際理解，国際貢献	
(19) 生命が多くの生命のつながりの中にあるかけがえのないものであることを理解し、生命を尊重すること。	(19) 生命の尊さについて、その連続性や有限性なども含めて理解し、かけがえのない生命を尊重すること。	生命の尊さ	D　主として生命や自然，崇高なものとの関わりに関すること
(20) 自然の偉大さを知り、自然環境を大切にすること。	(20) 自然の崇高さを知り、自然環境を大切にすることの意義を理解し、進んで自然の愛護に努めること。	自然愛護	
(21) 美しいものや気高いものに感動する心や人間の力を超えたものに対する畏敬の念をもつこと。	(21) 美しいものや気高いものに感動する心をもち、人間の力を超えたものに対する畏敬の念を深めること。	感動，畏敬の念	
(22) よりよく生きようとする人間の強さや気高さを理解し、人間として生きる喜びを感じること。	(22) 人間には自らの弱さや醜さを克服する強さや気高く生きようとする心があることを理解し、人間として生きることに喜びを見いだすこと。	よりよく生きる喜び	

4　教材を読み込み、中心的な発問と基本発問を考えよう

小：84、102～
中：83、104～
解説（道徳科）のページ

教材を読み込むことで、中心的な発問と基本発問を考えることができます。

（1）　読み物教材を用いるよさ

教科用図書には多くの読み物教材が掲載されています。それは、ねらいとする道徳的価値に関わる体験が有る無しにかかわらずに、教材に描かれている共通の話題で考えられるというよさがあるからです。ただ、教材は子どもに与えればよいというものではありません。教師が事前に教材を読み込んでおくことが不可欠です。

（2）　教材を読み込む

教師が登場人物の心情を問い子どもが答える一問一答が続き、最後に教師がまとめるという授業。教師も子どもも教材を読んでいるようには見えますが、考えていると言えるでしょうか。授業を構想する段階で、子どもたちに何を考えさせるのかを見付けようとする姿勢で教材を読み込んでおくことが重要です。教材を「読む」ことについて、横山利弘氏は著書の中で以下の４点を示しています（2017）。

①ストーリーを理解すること
②登場人物全員の心理を読むこと、それによって状況を正しく把握すること
③道徳上の問題を把握すること
④日常の自分自身をふり返りながら人間というものを読むこと

最初は、発問をどうしようかなどとは考えずに読みます。②では、登場人物の行動などから内面を推し量りながら読みます。③では、どのような道徳的価値が描かれているのかを見極めます。主人公の道徳的変化を読むことで、中心的な発問を考える手掛かりとなります。そして、弱さや醜さなども含めた人間理解を深めながら読み込んでいくのです。

（3）　中心的な発問と子どもの反応を考える

教師の発問によって、子どもたちの問題意識や疑問などが生み出され、多様な感じ方や考え方が引き出されます。では、その中心となる発問をどのように考えればよいのでしょうか。

教材の中の主人公の行為や行動が道徳的に変容する場面が「中心場面」です。多くの中心場面では、主人公が危機的な状況に立たされたり、深く道徳的に揺さぶられたりして、真剣に自分の生き方を考える姿が描かれています。中心場面において主人公に道徳的な気付きや変容をもたらしたものは何か、その時の主人公はどのような思いであったのかなどを問うのが「中心的な発問（中心発問）」となります。なお、主人公の道徳的変容が明確に示されず、悩み葛藤するまま終わる読み物教材もあります。そのような教材においては、主人公の悩み葛藤する心情に共感したり、その後の主人公にかける言葉を考えたりする展開が考えられます。また、2章の2「子どもたちの問いから始まる授業」を参照ください。子どもたちとともに、話し合う場面を焦点化することもできるでしょう。

中心的な発問が決まれば、それに対する子どもの反応をできるだけたくさん書き出します。予想される子どもの反応が少なかったり、授業のねらいから外れたりするようであれば、中心的な発問を考え直す必要があります。発問の言葉を洗練させたり、中心場面そのものを見直したりしましょう。

(4) 基本発問を考える

解説には、発問の構成について「授業のねらいに深く関わる中心的な発問をまず考え、次にそれを生かすためにその前後の発問を考え、全体を一体的に捉えるようにするという手順が有効な場合が多い」と示されています。

子どもたちが中心的な発問に答えやすくなるように、中心場面に至るまでの登場人物の思いや考えを確かめるために行ったり、考えをより深めることを意図して中心的な発問の後に行ったりするのが「基本発問」です。基本発問の数は決まっていませんが、あまり多いと、中心的な発問に時間をかけることができません。あくまで中心的な発問への布石であり、補助的な発問と考えればよいでしょう。基本発問についても、予想される子どもの反応を考えておくことが大切です。

(5) 問い返し

例えば、子どもが「～すればよいと思います」と、望ましい行動を発言した場合、「どうしてそう考えたの」と問い返します。根拠を問うことで、発言の奥にある思いや価値観が表出されます。このように、問い返しを意識しておくとよいでしょう。

5　学習指導案を作成しよう

小：80～
中：78～
解説（道徳科）のページ

授業づくりは、ねらいと指導の重点を明確にすることから始まります。そして、教材を読み込み、中心的な発問と基本発問を考えた後、学習指導の構想を学習指導案に表現しましょう。

（1）　学習指導案の内容（1ページ目、見開き1枚の場合は左側）

学習指導案に特に決まった形式はありませんが、一般的には次の例のような事項が取り上げられます。

【主題名】

ねらいと教材で構成した主題を、端的に表します。

【ねらい】

ねらいとする道徳的価値や道徳性の様相を端的に記述します。

【主題設定の理由】

教材観・児童（生徒）観・指導観の3つについて記述します。子どもたちの肯定的な面やさらに伸ばしたい面を積極的に捉えます。できるだけ具体的な子どもたちの姿を思い描き、指導の意図を適切に表現します。

第○学年　道徳科学習指導案

指導者　○○　○○

1．日　　時　令和○年○月○日（第○校時）
2．学年・学級　第○学年○組○○名
3．主　題　名　友達と理解し合う（B　友情、信頼）
4．ね　ら　い　・・・を通して・・・の大切さを理解し、・・・していこうとする道徳的心情を育てる。
5．教　材　名　「　　　　　　」（出典　　　　　　）
6．主題設定の理由
（1）**【教材観：ねらいや指導内容についての教師の捉え方、ねらいとする内容項目について】**
本主題は、学習指導要領5・6学年の指導内容B「友達と互いに信頼し、学び合って友情を深め、異性についても理解しながら、人間関係を築いていくこと。」を主な内容としている。仲の良い友達は・・・
しかし、・・・しがちであるこの時期の児童にとって、・・・ことは少なくない。互いに信頼し、学び合って友情を築いていこうとする態度を育てることは、よりよい人間関係を築いていくうえで大切なことである。本当の友達とは、・・・ 存在である。・・・、充実した生活を送ろうとする態度を育てるようにしたい。
（2）**【児童（生徒）観：子どものこれまでの学習状況や具体的な実態、アンケート結果など】**
本学級は、明るい態度で学校生活を送る児童（生徒）が多い。最高学年として・・・したり、・・・したりする姿がよく見られる。
事前のアンケート調査によると、「あなたにとって友達はどんな存在ですか」という質問項目に対し、「大切な存在」「かけがえのない存在」・・・など、肯定的に回答している。その一方で、・・・という質問項目に対しては 「そう思う」と答えた児童（生徒）は20%にとどまっており、友情を深めているとは言い切れない実態がある。また、相手の都合や気持ちをくみ取れず・・・することも多い。つまり、友情という事に関して、・・・。
そこで、本学級の児童（生徒）には、・・・について学び考えることによって、・・・な姿や態度を生活のなかでも意識できるようになってほしいと願う。
（3）**【指導観：教材の特質や取り上げた意図及び生徒の実態と関わらせた教材を生かす具体的な活用方法】**
本教材は、主人公が・・・と言われたことがきっかけで、・・・あらすじである。・・・友情を築くために大切であることを学ぶことのできる教材である。
指導に当たって、導入では・・・。その後、・・・変化していく心情について考えることで、自分だけではなく友達 の思いに目を向けることの大切さに気付かせたい。その際に、特に・・・、必要性を実感させ、ねらいとする道徳的価値に迫っていきたい。

【指導案1ページ目（例）】

(2)　学習指導案の内容（2ページ目、見開き１枚の場合は右側）

本時の学習指導過程と評価を記述します。道徳科の特質である４つのポイント（本書12-13ページ）を大切にしながら、教師の指導と子どもの学習の手順を示します。一般的には、学習指導過程を「導入」「展開」「終末」に区分します。

中心的な発問と基本発問を位置付け、それに対する子どもたちの反応を予想して記述します。そして、授業全体の展開について、次のことを確認しておきましょう。

・特定の価値観を子どもに教え込むような展開となっていないか。
・子どもが対話や協働を通してよりよい生き方を導き出していく展開であるか。
・子どもが生き方についてじっくりと考えられる時間が確保されているか。

７．本時の学習指導過程

	学習活動	主な発問と予想される子どもの反応（◎中心的な発問、○基本発問）	指導上の留意点・支援
導入	1　友達について振り返り、本時のめあてを考える（確認する）。	○友達とは、どんな存在ですか。 ・一緒に遊んでいて楽しい。 ・おもしろい。　・仲がいい。 ㋱本当の友達について・・・	・日常の友達の存在を振り返らせることで、友達に関して、問題の意識化を図る。
展開	2　教材を読む。 3　・・・の・・・についてグループで考える。 4　・・・について話し合う。	・・・・・・・・・・・・ ○　・・・・・・・・・・・・ ・ ・ ・ ◎　・・・・・・・・・・・・ ・ ・ ・ ○　・・・・・・・・・・・・ ・ ・ ・	・
終末	5　本時の学びを振り返る。	・	

評価：友達を信頼することの大切さについて、・・・これまでの自分を振り返り、対話を通して・・・について考えている。

【指導案２ページ目（例）】

【学習活動】

子どもを主語として、活動内容を記述します。

【主な発問と予想される子どもの反応】

中心的な発問と基本発問に対し、子どもの反応をできるだけ具体的に、多様に予想して記述します。

【指導上の留意点・支援】

支援方法とその目的（教師が～する、子どもが～できるように）を明示します。

なお、**【他の教育活動などとの関連】**や**【評価の観点】**、**【板書計画】**などを加えてもよいでしょう。

6　指導方法を工夫しよう

小：83～86
中：82～85
解説（道徳科）のページ

道徳的な問題に対して、子どもが問題意識をもち、主体的に考え、話し合うことができるような指導方法を工夫しましょう。解説には、以下の７つが示されています。

(1)　教材を提示する工夫

教師が、教科用図書の読み物教材を範読することが一般的です（道徳科では、教師が読み聞かせます）。その際、劇のように提示したり（紙芝居・影絵・人形劇なども含む）、音声や音楽の効果、ビデオなどの映像を生かしたりすることもできます。一方で、情報量が多すぎると、想像が膨らまず逆効果となる場合もあることに留意しましょう。

(2)　発問の工夫

発問には、「この時、主人公はどのような思いだったのでしょう」といった、教材に沿って主人公に自分を重ねて考えられるようにする場面発問や、「本当の友情とはどのようなものでしょうか」といった、概念的に考えを深めようとするテーマ発問などがありますので、子どもたちの発達段階や授業の流れに応じて工夫しましょう。そして、考える必然性や切実感がある、自由に考えられる、物事を多面的・多角的に考えられる、といった発問を心がけましょう。また、子どもの発言を受けて「どうしてそう考えたの」といった問い返しを行ったり、ある子どもの発言について「Ｂさんは今のＡさんの考えを聞いてどう思ったかな」と横に広げたりすることも有効です。

(3)　話合いの工夫

「考え、議論する道徳」というキーワードが示される以前から、道徳科では話合いが相互の考えを深める中心的な学習活動として重視されてきました。例えば、座席配置を工夫して討議形式で進める、ペアやグループの活動を取り入れるなど、ねらいや子どもたちの発達段階に応じて様々に工夫できます。

その際、話合いの形態が固定化・形式化しないように留意しましょう。また、子どもたちが自由に発言し合えるような学級の雰囲気づくりに努めましょう。道徳科に限らず、多様な考えを受け入れる温かな学級の雰囲気は、話合いの基盤です。

(4)　書く活動の工夫

書くことによって、子どもは自分の考えを深め、整理し、自分自身とじっくりと向き合うことができます。また、道徳ノートやファイルなどに書き溜めることで、長期的に振り返ることができるとともに、子どもの成長の記録として活用し、評価に生かすこともできます。書く活動には時間がかかりますので、授業の中で何度も行うことは難しいかもしれませんが、大切な活動として授業の中に位置付けましょう。

(5)　動作化、役割演技などの表現活動の工夫

子どもに特定の役割を与えて即興的に演技する役割演技、動きや言葉を模倣して理解を深める動作化などの工夫があります。役割演技では、演技を行った子どもたちだけでなく、それを見ている周りの子どもたちの感じたことや考えたことを発言させるとよいでしょう。また、音楽や所作、その場に応じた身のこなし、表情などで自分の考えを表現することなど、様々な表現活動の工夫があります。

(6)　板書を生かす工夫

子どもたちの考えを黒板に表現する際、対比的に示したり、中心部分が浮かび上がってくるように示したりすることで話合いが深まります。例えば、黒板を三分割して3つの視点から考える「Yチャート」や（四分割すればXチャート）、思いや考えを短い言葉で表し、その言葉からイメージする言葉や考えをつないでいく「ウェビング」などがあります。また、対立する2つの考えを「心の綱引き」として表したり（本書112-113ページ）、名前磁石を貼ることで自分の考えを明示したりする方法もあります。ただし、これらは手段であって目的ではありません。授業のねらいに向かって、教師が明確な意図をもって用いることが重要です。

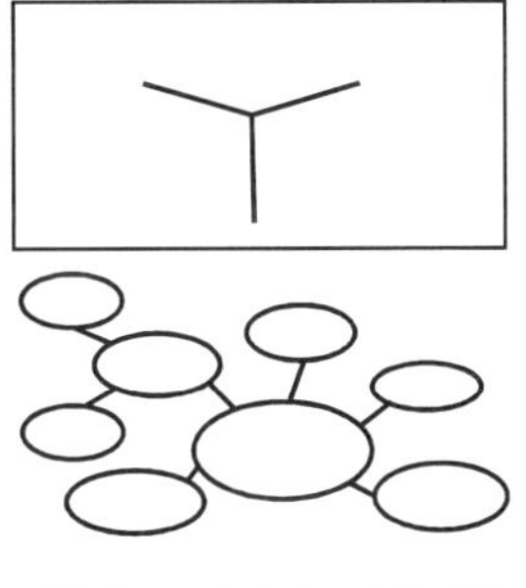

【Yチャートとウェビング】

(7)　説話の工夫

教師が子どもたちに心を開いて、自分の体験や思いを語ることで、子どもたちとの信頼関係が増し、子どもたちも自分の思いや願いを語るようになるでしょう。ただし、叱責や、行為・考え方の押し付けにならないように注意しましょう。

7　評価について理解しよう

小：107～
中：109～
解説（道徳科）のページ

道徳科における評価の意義と方法について確かめましょう。

（1）　道徳科における評価の意義

学習における評価には、次のような意義があります。

子どもにとって	自らの成長を実感し意欲の向上につなげていくもの
教師にとって	指導の目標や計画、指導方法の改善・充実に取り組むための資料となるもの（指導と評価の一体化の実現に向けて）

また、道徳科の評価について、解説には「児童（生徒）の学習状況や道徳性に係る成長の様子を様々な方法で捉えて、個々の児童（生徒）の成長を促すとともに、それによって自らの指導を評価し、改善に努めることが大切である」と示されています。

（2）　子どもの学習状況及び成長の様子についての評価（子どもにとって）

道徳科において養うべき道徳性は、子どもの人格全体に関わるものであり、数値などによって不用意に評価してはなりませんが、このことは道徳科の評価を行わないとしているのではありません。子どもたちが自らの成長を実感し、さらに成長していこうとする意欲を高めるような記述式の評価を行うことが大切です。その際、信頼関係が不十分だと、教師のどんな言葉も子どもの心に届きません。道徳性の評価の基盤には、教師と子どもの人格的な触れ合いによる共感的な理解が不可欠です。子どもの成長を見守り、努力を認め、励ます評価を目指しましょう。

評価においては、道徳性の諸様相を切り分けて、観点別評価によって見取ろうとすることは適切ではありません。ですから、学習指導案に「～によって道徳的判断力を高めている」といった評価項目を示すこともありません。また、子ども自身がいかに成長したかが大切ですから、他者との比較ではなく個人内評価を行います。そして、例えば次のような学習状況を活動やノートから見取ることが重要です。

・対話や協働を通して、一面的な見方から多面的・多角的な見方へと発展している
　（例）自分と違う立場や感じ方、考え方を理解しようとしている
・道徳的価値の理解を自分自身との関わりの中で深めている
　（例）道徳的価値を実現することの難しさを自分のこととして捉え、考えている

(3)　道徳科の授業に対する評価（教師にとって）

学習指導過程や指導方法を振り返り、指導を改善していくことが重要です。その際、教師が自ら授業を振り返るための「観点」が必要となります。例えば、次のようなものがあります。

- □　学習指導過程は道徳科の特質を生かした構成であったか
- □　子どもたちが多面的・多角的に考えられる発問や、道徳的価値を自分のこととして捉えられる発問であったか
- □　子どもの発言を傾聴して受け止め、指導に生かせたか
- □　教材や教具の活用は適切であったか
- □　子どもの発達段階にふさわしい指導方法であったか

毎時間の板書写真は、授業を振り返るための大切な手掛かりとなります。また、時には、授業をビデオ録画して自身の言動などを振り返ったり、先に示した観点で他の教師に授業を見てもらって評価を受けたりすることも効果的です。

(4)　すべての子どもたちが学びを深められる配慮を行い、評価する

道徳科では、相手の気持ちを想像することで考えを深める内容や、子どもたちが生まれ育った土地の文化や習慣に深くかかわる内容が教材として扱われます。しかし、他者の心情や、暗黙のルール、一般的な常識とされていることなどの理解に困難さを感じている子どもたちもいます。また、外国から帰国した子どもや外国人など、外国とつながりのある子どもたちは、言語や生活習慣の違いに戸惑ったり、意見を伝え合うことに困難さを感じたりすることも考えられます。

そういった子どもたちの置かれている状況に教師自身が寄り添い、配慮した指導を行い評価することが大切です。例えば、表情の絵や役割演技によって気持ちを理解できるようにしたり、動作化によって習慣を体験したり、それらの支援にICTを活用するなどして効果的な指導を行ったうえで評価します。

すべての子どもたちの学びを保障しようとすれば、すべての子どもたちをしっかりと見つめて評価することが不可欠です。そのような教師の姿勢は、学級のすべての子どもたちに安心感を与えます。信頼関係はより一層深まり、学級に温かな雰囲気が生まれます。個への配慮は全体への支援でもあると捉えたいものです。

8　家庭や地域に発信しよう

小：100～101
中：102～103
解説（道徳科）のページ

道徳科の授業を家庭や地域に発信することで、子どもたちの道徳性をより育成することができます。

(1)　道徳だよりの活用

子どもたちの豊かな心を育むためには、子どもたちが過ごす家庭や地域の協力を得て、共に道徳教育を進めることが不可欠です。しかし、家庭や地域の方々が、学校で行われている道徳教育や道徳科の授業について知る機会はそれほど多くないでしょう。学校での取り組みを授業参観や学校行事の際に発信することに加えて、学級や学年団のたより、学校だよりなどによる発信が効果的です。特に、道徳教育推進教師が中心となって、学校全体で「道徳だより」を発信することは効果的です。

(2)　道徳だよりで大切にしたいこと

道徳だよりでは、次の3点を大切にするとよいでしょう。具体例を28ページに示しています。

①　板書写真や子どもの授業中の発言、記述を掲載して分かりやすく発信する

教材のあらすじと板書写真があれば、授業の流れや様子がよく伝わります。また、子どもたちの発言や記述の内容（無記名で）は、その学年の子どもたちが感じたり考えたりしていることを伝えてくれます。学校全体の道徳だよりであれば、他の学年の子どもたちの様子を知ることができます。低学年の子どもの保護者にとっては、わが子のこれから先の学びを見通す手掛かりともなります。分かりやすい道徳だよりは、道徳について家庭で話すきっかけとなるでしょう。

なお、道徳だよりの発行は、指導の改善にもつながります。授業を構想する際に道徳だよりの発行までを意識しておくのです。毎時間の板書写真を残しておけば、板書の分かりやすさや発問の良し悪しなど、教師自身が指導の過程や方法を振り返ることができます。また、子どもたちの道徳ノートの記述から、成長の様子を読み取る力も養われます。最初は大変ですが、道徳だよりの発行をきっかけとして、道徳科の授業力を高めていきましょう。

②　双方向の道徳だよりで交流を生む

道徳だよりに返信欄を設けておき、切り取ってそのまま提出してもらいます。そうすることで、保護者の疑問や感想、意見を知ることができます。「家庭でも～について話してみました」などの保護者の感想からは、家庭で道徳が話題になっていることが分かります。また、授業前に教科書を家庭に持ち帰り、子どもと保護者が一緒に教材を読んで考えたり、授業後に道徳ノートを持ち帰って保護者から励ましの言葉をもらったりする際にも、その意図や方法などについて学級の道徳だよりで伝えることができます。さらに、保護者からの返信の内容を、次号の道徳だよりに掲載する（無記名で）とよいでしょう。保護者同士が互いの思いや考えを知ることができ、道徳だよりが交流の場となるからです。学校全体の道徳だよりであれば、多くの保護者が道徳について感じている疑問に対し、まとめて答えることもできるでしょう。

③　子どもたちの成長を共に喜ぶ場とする

子どもたちの道徳的な成長を見守り、認め、励ますことが大切ですが、家庭においては、子どものどのような姿を捉えてどのように関わればよいのか困っている保護者もいることでしょう。道徳科の授業における子どもたちの成長の様子を発信する際には、学校で教師がどのように声をかけたり価値付けたりしているかを伝えることが有効です。教師と家庭が同じ方向で道徳教育を進められるはずです。学校全体の道徳だよりであれば、教職員全員の方向性をそろえることにもつながります。地域へ発信すれば、学校が道徳教育において大切にしていることを地域の方々にも知ってもらうことができます。校外での子どもたちの善い行いなどが、地域の方から学校に伝えられた時には、道徳だよりでさらに広げることも効果的です。学校と家庭と地域が、子どもたちの成長を共に喜び、信頼関係を深めていきたいものです。

(3)　全教職員で、計画的に発信する

道徳教育推進教師がひとりで道徳だよりのすべてを作成するのは、負担も大きく、全教職員で行う道徳教育のねらいに合っていません。全学年の教師に実践報告の提供を依頼したり、管理職や専科などの教職員に道徳教育に関わる話題の提供を依頼したりして、発行の年間計画に位置付けておくとよいでしょう。また、今後はICTの活用によって、より容易に効果的な発信・受信が可能となるはずです。

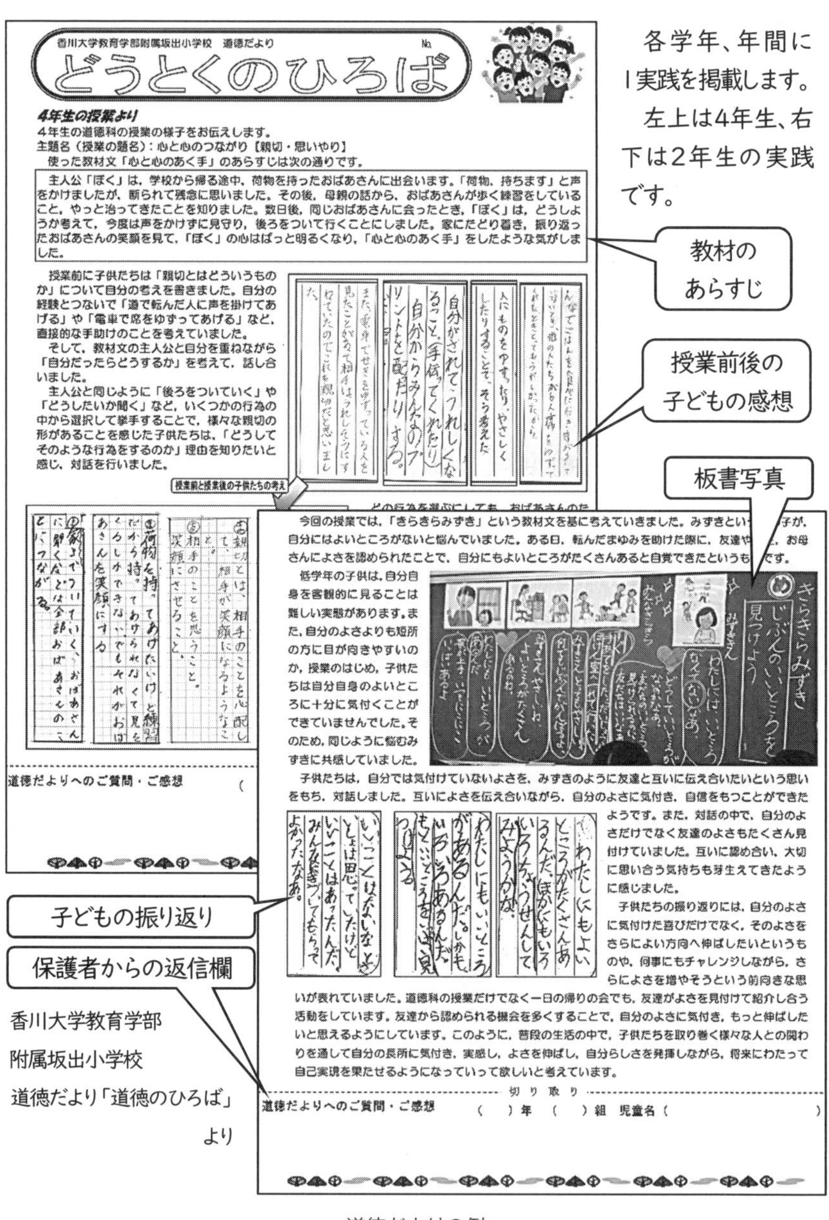

香川大学教育学部附属坂出小学校　道徳だより　No.

どうとくのひろば

4年生の授業より

４年生の道徳科の授業の様子をお伝えします。

主題名（授業の題名）：心と心のつながり【親切・思いやり】

使った教材文「心と心のあく手」のあらすじは次の通りです。

主人公「ぼく」は，学校から帰る途中，荷物を持ったおばあさんに出会います。「荷物，持ちます」と声をかけましたが，断られて残念に思いました。その後，母親の話から，おばあさんが歩く練習をしていること，やっと治ってきたことを知りました。数日後，同じおばあさんに会ったとき，「ぼく」は，どうしようか考えて，今度は声をかけずに見守り，後ろをついて行くことにしました。家にたどり着き，振り返ったおばあさんの笑顔を見て，「ぼく」の心はぱっと明るくなり，「心と心のあく手」をしたような気がしました。

授業前に子供たちは「親切とはどういうものか」について自分の考えを書きました。自分の経験とつないで「道で転んだ人に声を掛けてあげる」や「電車で席をゆずってあげる」など，直接的な手助けのことを考えていました。

そして，教材文の主人公と自分を重ねながら「自分だったらどうするか」を考えて，話し合いました。

主人公と同じように「後ろをついていく」や「どうしたいか聞く」など，いくつかの行為の中から選択して挙手することで，様々な親切の形があることを感じた子供たちは，「どうしてそのような行為をするのか」理由を知りたいと感じ，対話を行いました。

授業前と授業後の子供たちの考え

どの行為を選ぶにしても，おばあさんのた

道徳だよりへのご質問・ご感想　（

今回の授業では，「きらきらみずき」という教材文を基に考えていきました。みずきという女の子が，自分にはよいところがないと悩んでいました。ある日，転んだまゆみを助けた際に，友達や先生，お母さんによさを認められたことで，自分にもよいところがたくさんあると自覚できたというものです。

低学年の子供は，自分自身を客観的に見ることは難しい実態があります。また，自分のよさよりも短所の方に目が向きやすいのか，授業のはじめ，子供たちは自分自身のよいところに十分に気付くことができていませんでした。そのため，同じように悩むみずきに共感していました。

子供たちは，自分では気付けていないよさを，みずきのように友達と互いに伝え合いたいという思いをもち，対話しました。互いによさを伝え合いながら，自分のよさに気付き，自信をもつことができたようです。また，対話の中で，自分のよさだけでなく友達のよさもたくさん見付けていました。互いに認め合い，大切に思い合う気持ちも芽生えてきたように感じました。

子供たちの振り返りには，自分のよさに気付けた喜びだけでなく，そのよさをさらによい方向へ伸ばしたいというものや，何事にもチャレンジしながら，さらによさを増やそうという前向きな思いが表れていました。道徳科の授業だけでなく一日の帰りの会でも，友達がよさを見付けて紹介し合う活動をしています。友達から認められる機会を多くすることで，自分のよさに気付き，もっと伸ばしたいと思えるようにしています。このように，普段の生活の中で，子供たちを取り巻く様々な人との関わりを通して自分の長所に気付き，実感し，よさを伸ばし，自分らしさを発揮しながら，将来にわたって自己実現を果たせるようになっていって欲しいと考えています。

切り取り

道徳だよりへのご質問・ご感想　（　）年　（　）組　児童名（　）

道徳だよりの例

第2章

さらなる充実を目ざして

1　若手教員に向けてのメッセージ
2　子どもたちの問いから始まる授業
3　子どもの自己評価や相互評価を、教師が行う評価に生かす
4　若年研修の在り方・授業研究の工夫
5　メタ認知を促す授業づくり
6　道徳科の授業を支える学級経営

1　若手教員に向けてのメッセージ

大学での教育実習を通して子どもたちと触れ合い、教職への情熱を燃やして教員となった皆さんに、メッセージを送ります。

(1)　人の気持ちを理解しようとする

教員に求められる力は多様ですが、私は若手教員がストレスを抱えず長続きするかどうかは、「人の心の痛みが分かるか」それが無理なら、「人の気持ちを想像したり、理解しようとしたりしているか」にかかっていると思います。

教員にとってのストレスは、「生徒指導がうまくできない」「保護者対応に困っている」などがよくあるケースです。これらはどちらも、子どもや保護者の立場に立って、その心や気持ちを考えるというスタンスでいれば、大きな問題には発展しません。

例えば、子どもが友達に暴力を振るったとします。そこで、教員が「暴力はだめだ」と加害者を否定しただけでは、おそらく解決にならず、その後も繰り返したり、別の問題行動を起こしたりします。「暴力を振るってしまうには、何か原因があるはずだ」「何かよほど嫌なことがあったのではないか」と想像したり、理解したりしようとすることが大事です。子どもの行為は、あくまで表面であり、その背景や隠れて見えない部分こそ解決すべきなのです。

保護者対応も同様です。学校には時々保護者からの苦情が寄せられ、最近は自分の子どものことを第一に考えるあまり、自分の子どもが何か失敗をしても、他の子どもや学校に責任があると考える場合がしばしば見られます。そんな時、他の子どもの考えや学校の立場を説明したところで理解は得られません。まずは、保護者が不満をもつまでについて、「どのような経緯があったのだろう」「どんな情報を基にしているのだろう」と考え、それを理解しようとする姿勢で話を聞くことが大事です。それらを受け入れたうえで、他の関係者の思いや立場を含めた全体構造を理解していただくようにすれば、納得してもらえる場合が多くなります。

相手の立場を考えたり、相手の気持ちを想像したりすることは、道徳科の「親切，思いやり」の内容項目に当たります。また。自分と異なる意見や立場を広い心で受け止めることは、「相互理解，寛容」の内容項目に当たります。これらを教員が子どもや保護者に対して実践できればよいのです。

(2)　教員が子どもに実践して示す

子どもは、教員の行動や対応をよく見ています。そして、集団生活をする学校や学級は、子どもが人との関わり方を学ぶ貴重な場です。このことから、教員の子どもへの関わり方がどれだけ大事かが分かると思います。

何らかの面で立場の弱い子ども、他とは違った気性をもった子どもは学級によくいるものです。教員がそれらの子どもにどのように対応するかで、学級の雰囲気は変わってきます。

例えば、学力的に難しい子どもを見捨てず丁寧に指導する教員の学級では、弱者を大切にする心が育ちます。じっとしていられない子どもに優しく声を掛け、その子どもの興味があることに注意を向けさせたり、できたことを褒めたりする教員の学級では、様々なタイプの友達を受け入れ、人を大切にしようとする心が育ちます。そして、子どもたちの中でそのような行動ができた時に、周囲の友達が共感したり、教員や友達が価値付けたりすることで、道徳的行為を広げることができるのです。

道徳教育は学校の教育活動全体を通じて行うとされていますが、このような普段の関わり方も隠れたカリキュラムとして重視すべきだと考えます。

(3)　教員の仕事の魅力を味わおう

近年、教員の仕事については、長時間勤務や保護者からのクレーム等の問題で、志望する人が減少していると言われています。令和元年度に精神疾患で休職した公立学校の教員数は、過去最多になったとの報道もありました。そのような中で、あえて言いたいのは、「道徳教育さえきちんとしていれば、これほど楽しい仕事はない」ということです。

子どもが互いを尊重し、人間関係がうまくいっている学級では、教員が関わるようなトラブルはほとんど起きません。公共物を使う人のために物を大切に扱ったり、進んで掃除をしたりしようという意識がある学級では、教員は子どもの様子を見て褒めたり、他の誰かになり代わって感謝の気持ちを伝えたりするのみです。他の仕事が多少煩雑でも、思うように授業や指導ができると幸せを感じます。

若手教員の方々には、道徳科指導を核としながらそのような学級づくりを、ぜひ目指してほしいと思います。

2　子どもたちの問いから始まる授業

これから子どもたちが生きていく世の中は、Society 5.0と言われています。そこでは、今まで以上に現実世界を理解して意味付けできる感性や倫理観、想定外の事態と向き合って調整し、責任をもって遂行する力が求められているのです。つまり、誰かに指示されたことをきちんとこなし、答えのある問いに答えること以上に、自分で何をすべきか考え、答えのない問いに応えていくことが必要になっているということです。だからこそ、道徳科の授業では、「なぜなのだろう」「どうすればいいのだろう」という子どもたち自身の問いから授業をつくっていくことが大切だと考えます。以下に、子どもたち自身の問いを授業に生かす過程を示します。

(1)　教材を事前読みして問いをもつ

道徳が教科化されたことで、教科書の教材文を用いた授業が行われることとなりました。そこで、家庭学習や朝の会の時間等を活用して教材文を事前読みすることが考えられます。事前読みした時に感じたことやクラスメイトと考えたい問いを右のようにノートに書かせておくことで、子どもたちが問いをもった状態で授業を行うことが可能になります。例えば、金曜日に授業があるのなら、土曜日から木曜日までの家庭学習とし、自分のタイミングでノートを提出するようにしておけばよいでしょう。そうすることで、子どもたち自身が自分の予定に合わせて学習を進めることができます。

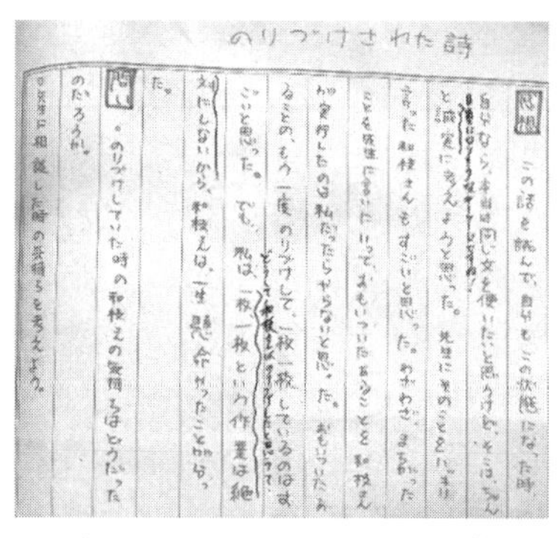

【事前読み段階での感想と問い】

(2)　子どもの問いから「目当て」を共有する

授業日までにノートに書いておいた各自の問いを、教師がホワイトボードなどに集約しておきます。授業の導入で、それらの問いや感想を提示し、共有する支援などを行うことで、自分と同じ問いをもっている友達の存在や、違う考えをもった友達の存在に気付くことができます。そうすることで、さらに考えたい問いが洗練され、意欲的に授業に取り組むことができます。そして、授業の「目当て」をクラス全体で吟味しながら設定することで、自分の考えたい問いについて考えていくことができると、意欲的に学習に取り組めるようになります。例えば、高学年でよく用いられる『手品師』という教材では、事前読みの段階で「どうして自分の夢（大舞台で手品を披露する）よりも、男の子との約束を優先したのだろう」という問いを子どもたちは抱くと思います。この問いは、内容項目「正直・誠実」における道徳的価値の理解に迫る問いです。学級全体で、この問いについて考えることに焦点を当てていけば、それを「目当て」として設定し、学習をスタートさせることができるでしょう。

(3)　子どもの問いを発問に生かす

従来であれば、教師が授業づくりの段階で発問を構成し、適切なタイミングを見計らって発問を行います。このように、教師側からの問いに対して、子どもが答えるという構造になるのが一般的です。しかし、子どもたちの問いをそのまま発問に生かすことができれば、教師に問われたことを考えるのではなく、自分たちが自分たちに問うという構造になります。自分の生き方について、自分で問うことが道徳の本質ですので、こういう構造で授業を行っていくことは理にかなっているのではないでしょうか。例えば『ブランコ乗りとピエロ』という教材での「なぜ、私の心からサムをにくむ気持ちが消えてしまったのだろう」という子どもが抱いた問いを、そのまま発問として用いることもできます。

(4)　振り返りから、次の問いを表出させる

授業が終わったと同時に、子どもが考えることをやめてしまってよいでしょうか。授業の出口で、子どもたちがその時間に学んだことを基にして、新たに問いたいことを生みだすような授業をめざしていきたいものです。例えば、終末場面での振り返りで、「どうして人間は実行しようと決意してもできないのだろう」「自分が主人公と同じ場面に出合った時、どうすればいいのだろう」といった問いを子どもたちがもつことができれば、次の授業の導入などで紹介し、学び続けるサイクルを意識させることができるでしょう。また、次の授業の展開場面で、「どうして人間は実行することが難しいときがあるのか」という問いをもっていた子どもを意図的に指名して発言させることで、人間理解を深めていくきっかけをつくることができるでしょう。

3　子どもの自己評価や相互評価を、教師が行う評価に生かす

子どもたちが自らの成長を実感し、さらに成長していこうとする意欲を高めるような評価を行う工夫として、子どもの「自己評価」や「相互評価」、「長期的な振り返り」を生かす方法があります。

(1)　子どもの自己評価や相互評価などを生かす

子どもたちが行う自己評価と相互評価について、解説（小学校112ページ、中学校114ページ）には次のように示されています。

> これら自体は児童（生徒）の学習活動であり、教師が行う評価活動ではないが、児童（生徒）が自身のよい点や可能性に気付くことを通じ、主体的に学ぶ意欲を高めることなど、学習の在り方を改善していくことに役立つものであり、これらを効果的に活用し学習活動を深めていくことも重要である。
>
> ※下線は筆者による、（　）は中学校

子どもたちの自己評価や相互評価を、そのまま教師が行う評価とすることは適切ではありません。一方で、道徳科で大切にされている「自己を見つめる」ためには、自己評価や相互評価は大変有効な学習活動です。

①　自己評価

授業の終末場面での振り返りは、自身のよい点や可能性に気付けるチャンスです。しかし、ただ「振り返りましょう」と指示しても、教材の内容についての感想文になったり、何を書いてよいか分からず戸惑ったりする子どもがいます。そこで、最初は振り返りの観点を示すとよいでしょう。観点としては、道徳科の学習内容に対応した、次のようなものが考えられます。

【振り返りの観点】

・友だちの考えと比べて考えたことや、友だちの考えのよいところ
・「自分だったら・・・」「自分はこれから・・・しよう」と考えたこと

このような観点を基に、振り返りを記述した例（小学校3年生）を示します。

右の説明の紙と付箋を、道徳ノートの裏表紙に貼り付けておきます。自分で観点を選択して(いくつでもよい)、付箋を道徳ノートの端に貼り、振り返りを記述します。他の観点も認め、子どもの中に振り返りの観点が増えていくことを目指します。なお、付箋でなくても、各観点に対応した色シールを貼ったり、(友)(自)など対応する表記の約束を決めたりして意識付けてもよいでしょう。このような記録を蓄積すれば、長期的な振り返りの際、自分が多く振り返っている観点や、同じ観点の振り返りを比べて内容が深まっていることなどにも気付けます。

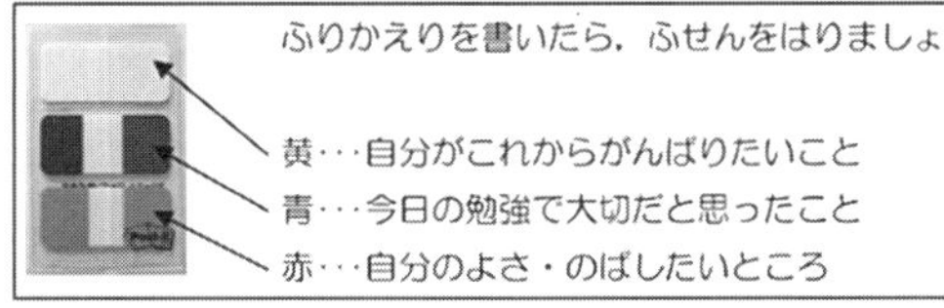

【振り返りの観点を示す３色の付箋】

【道徳ノートに書く子ども】

② 相互評価

自分自身のことについて自分では気付きにくい面もあり、相互評価によって自分のよさに気付ける可能性があります。右に示したのは、小学校6年生が道徳ノートへの振り返りの記述を交流し、互いの考えのよさを見つけて付箋に書き、伝え合ったものです。教師からの認め励ますコメントだけでなく、友達からの肯定的なコメントは、道徳科の学びに対する意欲を高めてくれるはずです。このような活動が自然に行えるのは、普段から友達のよいところを見つける活動を行っているからです。

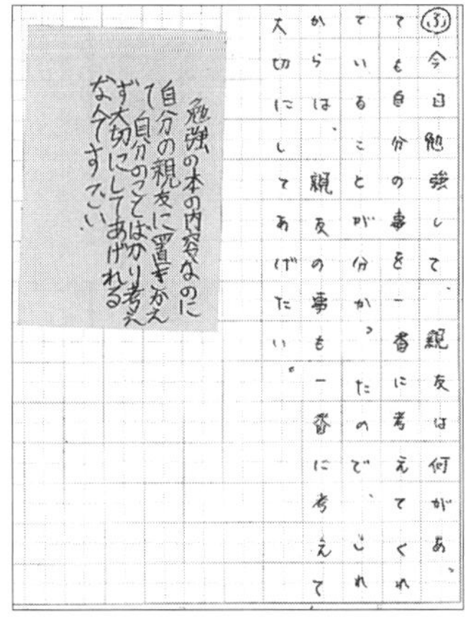

【付箋でよさを伝える】

(2) 教師が行う評価のための手掛かりとなるもの

子どもたちの学習状況について、何となく感じた印象で評価することがあってはいけません。学習状況を見取る手掛かりとして、次ページのようなものがあります。

①　座席表

子どもたちの言動は、授業の中でこそ見取ることができます。しかし、毎時間、全ての子どもたちについて、詳細に記録していくことは現実的ではないでしょう。そこで、座席表を活用し、毎時間数名ずつ、学習の様子を記録します。授業中だけでなく、授業後に記録するのもよいでしょう。このように座席表への記録を蓄積することで、教師の見取りにおける偏りや、発言する子どもの偏りに気付き、授業改善にもつながります。

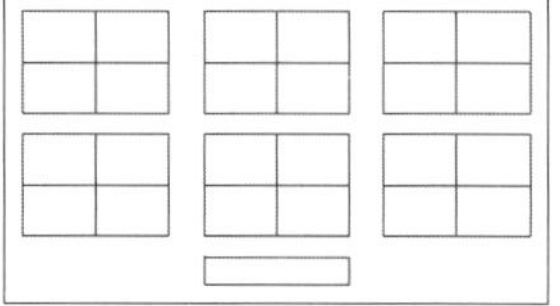

【座席表に記録する】

②　道徳ノート・道徳ファイル

子どもたちが自己を見つめる際には、「書く」活動が大きな役割を果たします。道徳ノートであれば、枠にとらわれず書きたいだけ書くことができます。道徳ファイルにワークシートをとじていく場合は、特に心に残った授業のワークシートを取り出したり、ねらいに応じて順番を入れ替えて整理したりできます。それぞれによさがありますので、子どもの発達段階と教師のねらいに応じて決めるとよいでしょう。今後は、ICTを活用して、子どもたちがタブレットで入力した振り返りを蓄積するといった方法も考えられます。そうすることで書く活動が苦手な子どもも、自分の思いを入力して蓄積することができます。また、広く道徳教育の成果として、関連する学習や学校行事についての記録を合わせて残すことも考えられます。

③　板書写真（名前磁石・ミニボード・意見カードなど）

子どもたちの考えを可視化し、黒板に位置付ける工夫がよく行われます。右の写真のように名前磁石で自分の考えを表したり、班で話し合ったことをミニボードに表して黒板に並べたりします。短冊にした画用紙に意見を書いて黒板に貼ることもあるでしょう。授業後、このような黒板の写真を撮っておくことで、子どもたちの本時の学びの様子を記録することができます。また、板書写真を振り返ることは授業の改善にもつながります。子どもの意識が途切れたのはどこか、同じ考えに偏ってしまった原因は何か、目当ては

【黒板に名前磁石で自分の考えを表す】

適切であったのかなど、板書写真から多くの気付きを得られるはずです。

(3)　長期的な振り返り

子どもが自身の成長を実感するためには、1単位時間の授業だけでなく、一定の期間を経て振り返ることが大切です。蓄積した道徳ノートなどを基に長期的に振り返ることで、「以前よりも多面的・多角的な見方ができるようになってきた」「道徳的な問題について、自分のこととして考えられるようになってきた」といったことに気付けるでしょう。

自己評価と相互評価、長期的な振り返りを組み合わせた取組を紹介します。附属坂出小学校の6年生で行われた振り返りの実践です。(山本実践)

「心のお便り」には、次の4つの項目があります。

1　道徳の時間では
2　(友達) さんからこんな言葉をもらったよ
3　なりたい自分
4　おうちの人から

子どもたちは、まずこれまでの道徳科の授業を振り返って1を書きました。それを友達と読み合った後、付箋に互いのよさを書いて渡しました。付箋の言葉を読んだ後、感じたことを2に書きました。そして、3を書き、自分のこれからの生き方を考えました。最後に、家庭に持ち帰って4を書いてもらいました。保護者からの励ましの言葉によって、さらに子どもたちは学びの意欲を高めていきました。

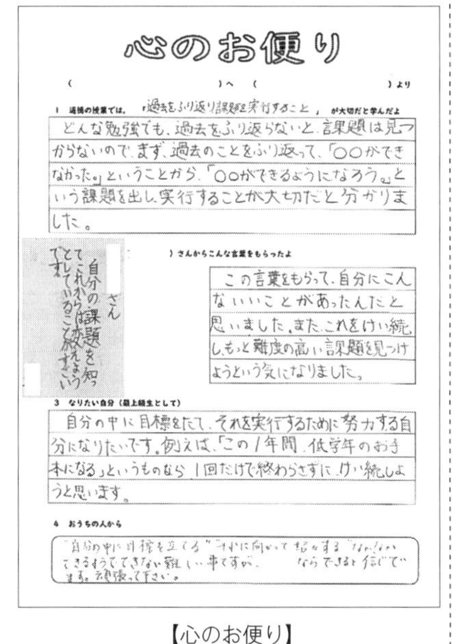
心のお便り

（　　　）へ　（　　　）より

1　道徳の授業では、「過去をふり返り課題を実行すること」が大切だと学んだよ

どんな勉強でも、過去をふり返らないと、課題は見つからないので、まず、過去のことをふり返って、「〇〇ができなかった。」ということから、「〇〇ができるようになろう。」という課題を出し、実行することが大切だと分かりました。

（　　）さんからこんな言葉をもらったよ

さん　自分の課題を知ってこれからは変えようとしていることがすごいです

この言葉をもらって、自分にこんないいことがあったんだと思いました。また、これをけい続し、もっと難度の高い課題を見つけようという気になりました。

3　なりたい自分（最上級生として）

自分の中に目標をたて、それを実行するために努力する自分になりたいです。例えば、「この1年間、低学年のお手本になる」というものなら、1回だけで終わらさずに、けい続しようと思います。

4　おうちの人から

"自分の中に目標を立てる" "それに向かって努力する" なかなかできるようでできない難しい事ですが、　ならできると信じてます。頑張って下さい。

【心のお便り】

このように、子どもたち一人一人の自己評価や相互評価の力を高めることで、子どもたちは自身の成長に目を向け、実感できるようになります。子どもたちが表現したものを手掛かりとすることで、教師が行う評価はより充実したものとなるでしょう。

4　若年研修の在り方・授業研究の工夫

現在、経験豊富なベテラン教員が退職し、新規採用者が増加する中、授業づくりのノウハウや授業研究の深め方といった技を、どのように引き継いでいくかということが大きな課題となっています。ここでは、若年研修の在り方として、若年層の教師が意欲的に学ぶことができる体制や研修内容を紹介します。附属坂出小学校の取組を基に、授業研究をどのように深めていけばよいかをお伝えします。

(1)　若年研修のすすめ

①　目的や方向性の共有

“やらされる3時間より自らやる30分”

この言葉は、若年研修を行う上で大切にしている考え方です。上意下達で指導技術を伝授するというスタンスでは、意欲的に学び続けることは難しくなります。研修する側が、自分で自分の課題に気付き、改善したいという想いを抱くことが、研修のスタートになるようにと考えています。ただ、「好きなようにしてください」と、突き放すわけではありません。板書の仕方や発問の精選といった、道徳科の授業づくりにおいて欠かすことができない視点については、研修を計画する側がしっかりと伝えていく必要があります。「研修を受ける側は受け身にならず、自分から課題を見付け改善していき、研修を計画する側は常にサポートできる体制で研修を行う」という目的や方向性を共通理解しておくことが大切だと考えています。

②　研修体制づくり

では、若年教師の「よりよい授業をつくりたい」という想いに応えるためには、学校全体のサポート体制は、どのように整えておけばよいでしょうか。まず、若年教師が安心して他の教師の授業を参観して質問することができたり、自らが授業を公開して指導をもらうことができたりするような仕組みをつくっておく必要があります。例えば、若年教師の空き時間に、道徳主任の教師の授業を参観できるような時間割にしておくことなどが考えられます。また、学校の状況にもよりますが、中学校でよく用いられるようになってきたローテーション授業を行うことも考えられます。同学年に学級が複数ある場合は、一人の教師が各学級をまわって、同じ教材で授業を行います。同じ教材で授業を行うことで、子どもの反応を予測することができたり、発問が精選されたりします。また、教材分析をする時間が短縮されるので、業務改善にもつながります。

③　実践方法

○「目標シート」の活用

先述のとおり、研修を行うためには、研修を受ける側の目的意識や実践意識が高まるようにすることが大切です。そこで、年度初めに右のような目標シートを作成し、どのような授業ができるようになりたいのかを明確にしていきます。自分が現在、課題と感じていることを書き出し、その課題を解決するための学期ごとの中期目標を定めていきます。中期目標は、実践を行う中で、柔軟に変更できるようにし、自分の課題に応じた目標にすることも大切です。

附坂小若年研修目標シート

名前（　　　　　　　　　　）

“やらされる3時間より　自らやる 30 分”

昨年度と引き続き，上記テーマの基，研修をする先生の目標を達成できるように，質の高い研修にしていきたいと思います。課題・本年度の目標，各学期の重点目標を記入してください。学期の終わりには，自身の取り組みを振り返りましょう。

課題　・教師の発話量が多い。
　　　・板書を構造的にできていない。

本年度の目標	・自分の生き方について、子供たちが語り合う時間を保障できる教師 ・一人一人の気質に応じた支援を丁寧に行うことができる教師
1学期	①子供の話をよく聞く。（背景を考えて） ②子供の考えを視覚化し，振り返りに生かせる板書をする。
	［振り返り］
2学期	①一人の考えを他の子どもにつなぐコーディネートの仕方を考える。 ②子どもが考えることを焦点化できるような発問を精選する。
	［振り返り］
3学期	◎対話 ・子ども同士で学びを深める対話の在り方を考える。
	［振り返り］

本年度の研修を振り返って

【目標シートで自分が目指す教師像を描く】

○「授業参観シート」の活用

授業を公開する際には、右のようなシートを授業前に参観者へ配布し、事後指導に生かせるようにします。主張点を明確にした上で授業を公開することで、参観の視点を明確にするこ

若年研修（附属坂出小学校）	授業参観シート
日　時	令和２年　　月　　日（　　）　時間目
授業者名	（　　）年（　　）組　授業者（　　　　）
教材名 【内容項目】	教材　『　　　　　』
主張点について	
授業参観後の 指導・感想等	

【授業参観シート】

とができます。どうしても、授業力が身に付いていない段階では、指摘される内容が多岐にわたってしまい、結局何から改善していけばよいかが見えなくなってしまうことがあります。だからこそ、授業前に何を見て欲しいと考えているのか、本時で目指す子どもの姿がどういうものなのかを主張点として提示し、参観の視点を焦点化することが大切になってきます。

(2) 授業研究のすすめ

それでは、道徳科の授業をよりよくするための「準備」「省察」の段階における過程について、具体的な事例を基に解説していきます。

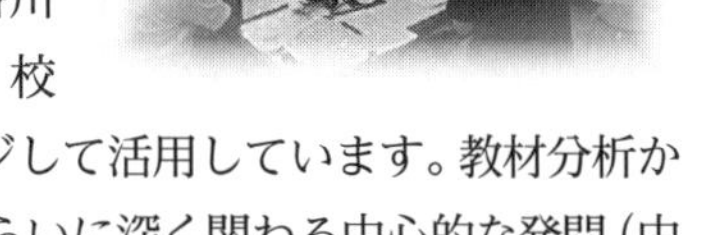

① 「準備」(教材分析・発問の精選の行い方)

本校では、道徳科の授業を構想する段階で、香川大学の植田和也教授が開発した「30分で挑戦！校内研修シート『中心発問事前研修用』」をアレンジして活用しています。教材分析から始め、内容項目・中心価値について整理し、ねらいに深く関わる中心的な発問(中心発問)を精選し、子どもの主な反応を予想していきます。

そして、研究授業の指導案検討を行う際には、下のような拡大指導案を用います。

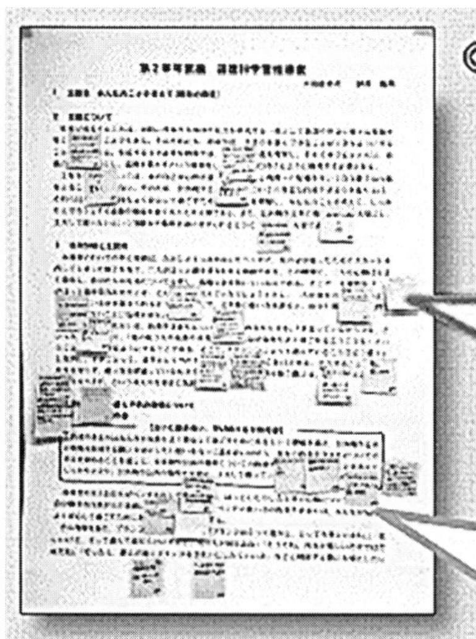

◎表記の修正レベルの意見と、
内容に関わるレベルの意見を
付箋で色分けし，検討を焦点化

黄色付箋には優先順位が、1位〜5位までの指摘を各自が記述する。司会者は黄色付箋を取り上げて検討を進めていく。

ピンク付箋には優先順位が、6位以下の意見と表記修正レベルの意見を記述する。司会者は検討で取り上げないようにするが、授業者は指導案の修正までには必ず目を通しておく。

表記の修正レベルの意見と授業の内容に関わるレベルの意見を、付箋の色を変えて示すことで、検討を焦点化できます。そうすることで、指導案検討の質を高めつつ、検討時間を削減することができます。また、検討メンバーからの「～について、何か違和感がある」「分かりにくい」といった抽象的なことばでの指摘は、何に対する指摘なのか明確ではありません。授業者には「どうずればよいのか」という疑問だけが残ってしまいます。可能な限り、子どもの姿をイメージし易い具体的なことばで検討していきたいものです。さらに、「代案」を提案することができれば、授業者の選択肢が増え、授業をよりよいものにしていくことにつながるでしょう。

② 「省察」(授業者の振り返り・授業後の指導の行い方)

授業後の討議は、授業者を批判したり、称賛したりする場ではありません。逆に、どうすればさらに学びが深まったのかを参観者が問われる場であり、新たに提案していく場です。「自分なら…」「あの場面では…」と再考し、思案する過程こそ、討議のあるべき姿であり、成長の糧となります。ですから、若年の教員が積極的に発言できる雰囲気を醸成することがとても大切です。

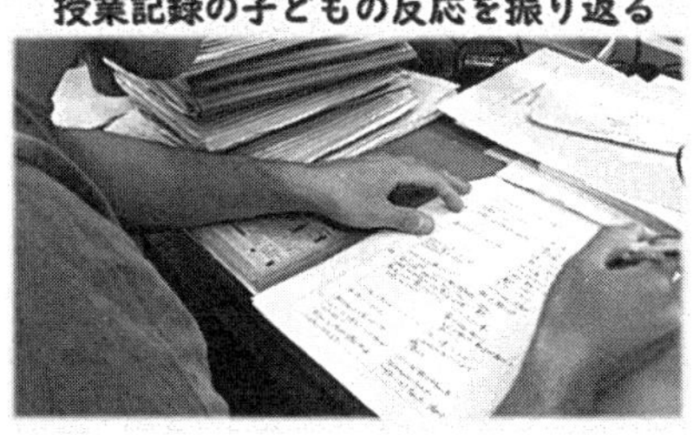

また、「学級経営ができていますね」という常套句は、授業者に一定の安心感や成就感を与えることはできますが、これからの授業改善の視点をぼかしてしまうことにもなりかねません。具体的な子どもの姿や事象を基に、なぜ子どもたちは考えを深められたのか、あるいは深められなかったのかについて、理由を明らかにしたいものです。その理由の部分を共有できれば、参会者の授業に生かされる討議となるでしょう。

そして、授業討議が終わった後に、もう一度自身の発問や子どもの反応を振り返ることをお薦めします。そうすることで、省察が深まり、次時の授業のイメージが膨らんでいきます。

5　メタ認知を促す授業づくり

道徳の授業において、子どもたちは自己を見つめ、道徳的な問題を自分の問題として捉え、自分の考えを深めていきます。この過程はメタ認知を働かせることと大きく関連しています。附属坂出小学校では、メタ認知を「自分の学習に関わる認知について、自分で監視し（学習活動を客観的に見て、課題や改善点を捉え）、制御する（解決に向けて行動を起こしていく）こと」と捉えています。学習中の話合いの場面を例に考えてみましょう。メタ認知が働くことで、「友達の考えと自分の考えを比較して、共通点や相違点を見付けると、よりよい考えを見いだすことができる」等のメタ認知的知識（効果的な方略の使用についての知識）を基に、学習している自分を俯瞰的に見ていきます。そして、友達の考えと自分の考えを比較しながら捉え（モニタリング）、自分の考えを再考する（コントロール）といったメタ認知的活動が行われるのです。

自分にとっての問題は何かを見つめ（モニタリング）、その解決に向けてどのようにすべきかを考えていくこと（コントロール）を繰り返す中で、自分の生き方についての考えを深めていく力が高まっていきます。メタ認知の能力は、だいたい小学校中学年から高まってくると言われています。道徳の授業でメタ認知を促す働きかけを行うことで、さらに自分を見つめることができるようになっていきます。43～47ページに、附属坂出小学校が平成30年度から３年間、研究を深めてきた「メタ認知を促す授業づくり」について、導入・展開・終末の３つの場における働きかけのポイントをお伝えします。

導入	主題に対する子どもの興味や関心を高め、ねらいの根底にある道徳的価値の理解を基に自己を見つめる動機付けを図る場
展開	中心的な教材によって、子ども一人一人が、ねらいの根底にある道徳的価値の理解を基に自己を見つめ、多面的・多角的に考える場
終末	ねらいの根底にある道徳的価値に対する思いや考えをまとめたり、道徳的価値を実現することのよさや難しさなどを確認したりして、今後の生き方につなぐ場

(1)　メタ認知を促す働きかけ

①　導入の場での働きかけ

導入では、教材と同じような経験が自分にはなかったかなどと、自分のこととして考えられるようにすることが大切です。そのためには、子どもたち自身が、自分と教材をつなげられるように、教材と似た場面の写真や図を提示したり、事前の質問紙調査の結果をグラフ等で提示したりして、視覚的に経験を想起させる支援が有効です。また、子どもたちが教材を事前に読んで書いた問いや、経験を基にした感想を示すことで、教材で起こっている問題を自分自身の問題として受け止め、学習の目当てにつなげる支援も考えられます。このことによって、教材の中の問題は、考えるべき自分の問いとなっていくのです。以下に、実践例を示します。

【主題名】広い心をもって［B　相互理解，寛容］
教材名：『銀のしょく台』（学研：『みんなの道徳　5年』）

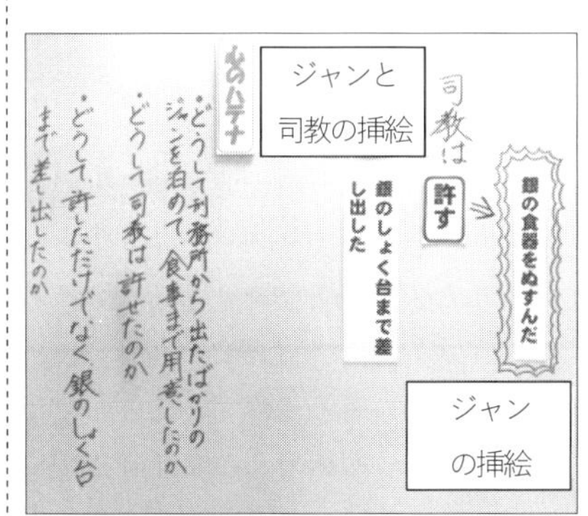

【補助黒板に子どもの問いを示す】

本教材では、過ちを犯したジャンを司教が許す場面が中心になります。子どもたちには、友達が自分の思い通りにしてくれなくて許せなかった経験や、友達の失敗を許せなかった経験があります。そのような経験を基に、「教材の道徳的問題場面に関わる疑問や感想」を質問紙で聞き取っておき、その内容を紹介することで、教材で起こっている問題を自分自身の問題として受け止められるようにしました。

このような働きかけは、学習を進めていく動機付けとなることから、導入で行うことがより効果的だと考えられます。自分の考えたいことと目当てとのつながりが明確になることで、主体的に学習に取り組めるのです。なお、子どもたちが自分の感じたことや考えたことを表現できる場の確保が重要です。例えば、グラフや絵図を見た後、「この時、どんな気持ちがしましたか」と問いかけて発言を促したり、ペアになって互いの思いや考えを伝え合えるようにしたりすることが考えられます。また、教材を事前に読んで書いた疑問や感想について導入でどう思うかを問いかけ、感じたことや考えたことを表出できるようにすることも考えられます。

導入のポイント☞　道徳的価値に関わる事象を自分自身の問題として受け止められるようにするために、写真や図等の視覚的な支援により経験を想起させたり、教材を事前に読んで書いた疑問や感想を示したりし、その時に子どもたちが感じたことや考えたことを表出できるようにする。

②　展開の場での働きかけ

展開は、目当てが板書された後、その課題解決に向かって、自分の感じ方や考え方を明らかにしていく場と捉えられます。展開においては、自分の考えをただ一つの正解として捉えるのではなく、多様な立場の存在を前提とし、様々な考えに出合う中で、自分の考えとの共通点や相違点に着目し、メタ認知を働かせて自己の生き方についての考えを深めていくことが大切です。以下に実践例を示します。

【主題名】感謝の心を広げて［B　感謝］
教材名：『こだわりのイナバウアー』（学研：『みんなの道徳　6年』）

子どもたちは「ありがとうマップ」に、親族や友達などの自分が感謝の念を抱いている対象を書き込んでいきました。感謝の念の大きさに合わせて文字の大きさを変えるようにしたことで、母親に一番感謝したいと考えている子ども、生きていることすべてに感謝したいと考えている子どもなど、多様な考えを共有できるようにしました。そうすることで、友達の考えとの相違点に目が向きやすくなり、「ありがとうマップ」に書き込んだ理由を聞きたいという意欲を高めることができます。「母に感謝したいのは、生まれてから今まで、ずっと私のことを見守ってくれているからだよ」「すべてに感謝したいのは、いろんなことが繋がって、今の自分が在るからだよ」と、対話によって他者理解・価値理解を深めていきました。

また、全体対話の中で板書に示してきた「羽生選手のありがとうマップ」と、自分の「ありがとうマップ」を見比べる中で、さらに感謝したいと思う対象を増やしていったり、支えてくださっているたくさんの人々の善意に応えて自分がすべきことを自覚したりして、感謝の価値を深く理解し、それを基に自分の生き方について考えていくことができました。

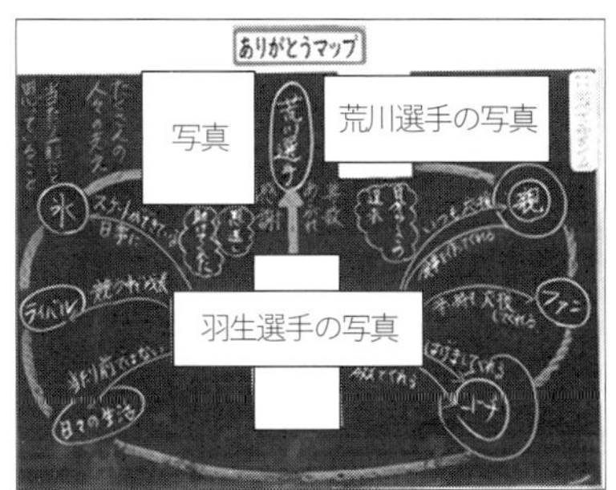

【羽生選手の感謝の対象】

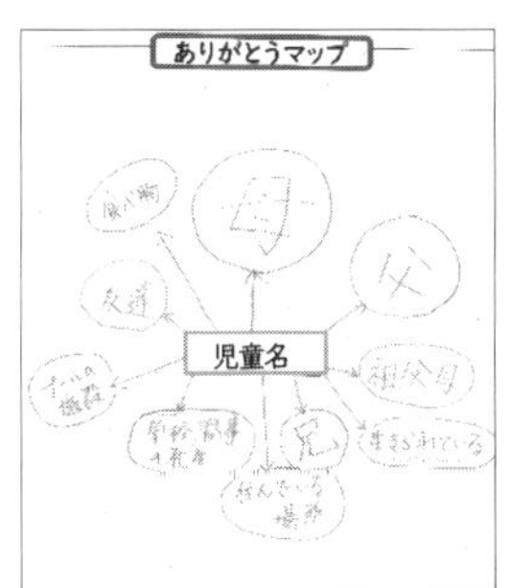

【子どもたちの感謝の対象】

子どもたちが表出した自分の考えは、子どもたちがコントロールした結果であると考えられます。そして、子どもたちが自分の考えに至った背景（考えの理由）こそが、モニタリングの対象であり、その様相をしっかりと述べることにより、モニタリングしたことを表出していると言うことができます。例えば、対立軸の設定などによっていくつかの選択肢から考えを選べるようにした場合、子どもたちは自分の中で様々なことを考えながら選択するでしょう。「自分だったらどうするか」「本当に～してよいのだろうか」と、自分自身に問いながら選択しているはずです。その自分自身との対話の過程こそが、モニタリングの様子を表していると考えられます。教師は、ノート等に書き込まれた考えや、黒板に示された名前磁石の位置などの選択の結果だけにとらわれず、「なぜそちらを選んだのか」と子どもたちに問うなどして、考えの理由を表出できるように促すことが重要です。

また、対話などの活動の中で、互いの考えの理由を比較して異同に気付き、再び自分の考えをモニタリングし、自分の考えの理由をより明確にしたり、さらに自分の考えを深めたりしていけるように働きかけていくことも大切です。そうすることで、子どもたちが将来、自分自身に問いかけられるような力を育成していけると考えます。次ページに、展開のポイントを示します。

展開のポイント☞　自己との対話・他者との対話を促すために、集団内の多様な立場の存在を明らかにし、子どもたちが自分の考えを選択・決定できるようにするとともに、自分の考えの理由を表出して、他の考えの理由と比較できるようにする。

③　終末の場での働きかけ

終末は、対話を通して自分の思いや考えを深めた後、その思いや考えの過程を振り返る場と捉えられます。終末においては、自分が感じたことや考えたことを振り返ってまとめ、これからの生き方につなげていこうとする意欲を高めることが大切です。

道徳科における評価については、小学校学習指導要領において「児童の学習状況や道徳性に係る成長の様子を継続的に把握し、指導に生かすよう努める必要がある。ただし、数値などによる評価は行わないものとする」と示されており、教師が自らの指導を振り返り、指導の改善に生かしていくとともに、子どものよい点や進歩の状況などを積極的に評価することが求められています。そして、他の子どもとの比較による評価ではなく、子どもがいかに成長したかを積極的に受け止めて認め、励ます個人内評価として記述式で行うことが求められているのです。このように、子どものよさを認め励ますことで、子ども自身が自分のよさに気付き、自分を見つめ直すこと（メタ認知）が促され、子どもの学ぶ意欲が育つでしょう。

しかし、「さあ、振り返りましょう」と指示しただけでは、自分自身のことを深く見つめられない子どももいるでしょう。そこで、下に示すような「振り返りの観点」を明示するなどの働きかけが考えられます（詳細は109ページ）。このように、振り返りの観点を明確にすることによって、子どもたちが自分の課題やよさに気付ける自己評価となっていきます。他にも、学年や学級の実態に応じて、振り返りの観点の数を増減させるなどの運用が考えられます。また、振り返りの観点を教師が一方的に提示して「この観点で振り返りましょう」と指示するばかりで、子どもたちがその観点で振り返るよさや意義を理解してい

【振り返りの４観点】

なければ、効果的な働きかけとはなり得ません。ある程度授業を積み重ねる中で、振り返りの記述や発言を整理し、しっかりとこれまでの自分の課題に向き合えている意見や、これから頑張りたいことを見いだしている意見などから、子どもと共に振り返りの観点をつくり、共有していくことが大切です。そして、「さらに疑問に思ったことや新たな問い」などの振り返りの観点が新たな見いだされた場合には、そのよさや意義を共有し、柔軟に取り入れていく姿勢も大切です。

さらに、ペアになって互いの自己評価を交流し、お互いのよさを伝え合う相互評価を行うことにより、自分では意識できていなかった自分のよさに気付くことができ、これからもそのよさを大切にして生活していきたいと実践意欲を高めている姿を数多く見ることができました。

【よさを認め合う相互評価】

一方、子どもたちは展開の場で、すでに、道徳的価値の理解を深めてきています。もし、終末で「何が大切か」だけを問い、そのことを振り返って、学習のまとめのようにしても、展開からさらに考えが深まることは難しいでしょう。そこで必要なのは、「どうして大切だと思ったのか（気付いたのか）」と、道徳的価値の理解に至った理由や過程を振り返ることです。もし、子どもたちが1時間の授業を振り返り、大切だと気付いたのは、友達と対話したからだと実感した（モニタリング）のであれば、協働という学び方のよさを表出し、これからも友達との対話によって自分の考えを深めていこうとする（コントロール）でしょう。また、「これからどうしたいか」と振り返ることによって、展開の場面で気付いていた（モニタリング）自分の考えに沿って、これからの自分の生き方を決定していくこと（コントロール）ができるでしょう。あるいは、導入において、学級の実態を表したグラフや、子どもたちが教材を事前に読んで感じたことなどを示しておき、終末でそれらを再び示すことによって、教材の中の問題を自分自身のこととして深く振り返ることも期待できると考えます。

終末のポイント☞　「これまでの自分の課題」「これからの生き方」「道徳的価値の理解に至った理由」等の振り返りの観点を大切にするとともに、自分のよさを実感できる自己評価や相互評価を工夫する。

6　道徳科の授業を支える学級経営

子どもたちが生き生きと自分のことを語る道徳科の授業を実現するためには、温かな学級の雰囲気が生まれる日々の学級経営が大切です。

(1)　互いのよさを見つけ、伝え合い、認め合う

短所は目につきやすく、長所はすぐに見つけられないという経験はないでしょうか。互いのよさを見つけられる子どもたちを育てるためには、意図的な活動が必要です。それは、互いのよさを見つけ、伝え合い、認め合う活動です。例えば次のような活動が有効です。

「ひみつのともだち（よいところみつけ）」
- くじで決めた相手について、1週間かけてよさを見つけます。（秘密にしておく）
- 1週間後に、相手のよさを書いた手紙を手渡します。
- 子どもたち自身が思ってもみなかったよさを見つけてくれる場合もあります。
- 毎月1回程度行います。
- 掲示しておくことで、すべての友達のよさに気付くことができます。また、友達のよさを見つける視点が広がります。

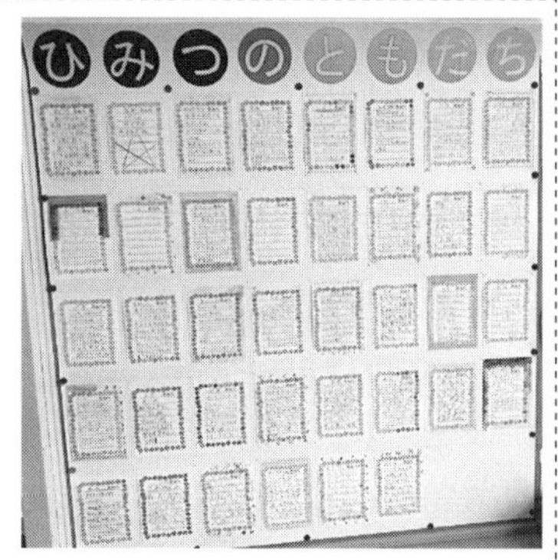

【ひみつのともだちを教室背面に掲示】

このような活動を通して、自分のよさに気付けるとともに、互いのよさを見つけ合う温かな学級の雰囲気が生まれます。そして、教師も子どもたちのよさを見つける目を養うことができるのです。

(2)　勇気づける指導

活動中におしゃべりを始めた子どもを叱って、教師も子どももお互いに暗い気持ちになった経験はないでしょうか。子どものよさを引き出すためには、叱る事態に至る前の、教師の仕掛けが重要なのです。

例えば、小学校における教室移動の場面を考えてみましょう。

教室移動のために、静かに並んでいる子どもたち。教師は、「静かに並べていますね。これから移動しますが、皆さんならきっと静かに移動できると思います」と声を掛けます。これは、今できていることに目を向け、これからの子どもたちへの期待感を伝えることがねらいです。また、移動の途中、「他の教室のことを考えて静かに移動できているね。ありがとう」と、やはりできていることに目を向け、他者への配慮に対する感謝の気持ちを伝えます。もし途中で騒がしくなりかけても、教師や友達からの注意を受けて静かになった瞬間を捉え「静かにしなくては、と気付けたのですね」と、やはりできたことに注目し、言葉で伝えます。

静かな時こそ、教師の指導力が試される場面です。静かな教室移動を当たり前だと捉えるのではなく、子どもたちが「できていること」として捉えます。そして、そのできていることに注目し、子どもたちへの期待感や感謝、称賛を分かりやすく伝えるのです。それにより子どもたちは勇気づけられ、自信をもって行動できるようになるのです。

(3)　傾聴

相手の話を最後まで聞けずに、途中で「でもね・・・」と発言を遮ったり、相手の話の内容が頭に入ってこなくなったりした経験はないでしょうか。それは、相手の話を聞きながら、無意識的に価値判断を行っているからだと考えられます。

自分の思いを生き生きと語ることができるのは、聞いてくれる相手がいるからです。ですから、対話を支えるものは、相手を共感的に理解しながら聞くこと、つまり傾聴です。聞くことの大切さを説いたり、聞き方の指導を行ったりすることももちろん大切ですが、まずは教師が子どもたちの思いを傾聴する姿勢をもつことが大切です。傾聴してもらえた子どもたちは、他者の発言を傾聴できるようになるからです。傾聴とは、相手の発言の背後にあるものに思いを巡らせて聞くことです。例えば、子どもの発言に対して「その時どんなことを思ったの」「どうしてそう考えたの」「もう少し詳しく教えてくれるかな」などの問い返しを行います。これらは、まさに道徳科の授業でよく使う問い返しです。子どもたちの発言を教師の価値判断だけで理解するのではなく、教師は傾聴を大切にし、子どもの発言の背後にあるものに思いを巡らせて、子どもたち一人一人を理解しようとする姿勢が重要なのです。このような姿勢が、子どもたちの心の内にある声を引き出すのです。

(4)　思いや考えを表現できる機会

朝の会での「1分間スピーチ」、帰りの会での「今日のきらりさん（よいところ発表）」、自分の選んだ新聞記事について意見を発表する活動などが行われている学級もあるでしょう。このように、子どもたちが自分の思いや考えを表現する機会が保障されていることは大変重要です。

また、得意な表現方法は、その子どもによって異なります。発言、書く、絵や図、ICT機器の活用・・・その子どもが得意な方法を選択して表現できるとよいでしょう。自分の発言を傾聴してくれる、自分なりの表現方法を認めてくれて反応を返してくれる、そんな友達や教師のいる学級であれば、安心して表現しようとするはずです。そして、互いの思いや考えを交流することを通して、いろいろなものの見方や考え方があることに気付き、自分になかった考えを受け入れて、新しい考えを生み出していくことでしょう。これは、まさに道徳科の授業で大切にしていることです。

(5)　学級の状態を把握する

子どもの気持ちが分かったつもりになると、傾聴できなくなってきます。同じように、学級の状態を分かったつもりになってしまうと、子どもたち一人一人が見えなくなってしまいます。これは、とても恐ろしいことです。

多くの学校では定期的にアンケートを実施するなどして、いじめ防止に努めているでしょう。「何となく、学級はうまくいっている」と感じても、アンケートなどから学級の状態を振り返り、教師が見落としていることはないかを確認しましょう。例えば、Q-U（Questionnaire-Utilities, 図書文化社）などのアンケートが有効です。このアンケートでは、「友達から暴言・暴力を受けている」「学級の中で認められていない」と感じている子どもの状況をグラフ化して把握できます。この結果を基に、例えば「不安の強い子どもを教師の近くの席にしよう」「各班の中に、学級への満足感が高い子どもを配置しよう」といった座席の工夫が可能になります。教師の予想していなかった子どもに高い不安が見られる場合がありますので、学級の状態を客観的に把握する方法として活用し、より細やかな学級経営につなげることが大切です。

また、アンケート以外にも、他の教師と情報交換を行ったり、他の教師による授業を参観したりして、学級全体の子どもたちを客観的に見つめる機会をつくりたいものです。

第3章

「特別の教科　道徳」の授業事例（小学校）

【低学年】　1　およげないりすさん
　　　　　　2　ないた赤おに
　　　　　　3　黄色いベンチ
【中学年】　4　絵葉書と切手
　　　　　　5　心と心のあくしゅ
【高学年】　6　ブランコ乗りとピエロ
　　　　　　7　ロレンゾの友達
　　　　　　8　銀のしょく台
　　　　　　9　道子さんに出したパス
　　　　　　10　のりづけされた詩
　　　　　　11　友香のために（モラルジレンマ教材）

低学年　およげないりすさん

B－(9) 友情，信頼　　主題名：ともだちとなかよく

公立学校の先生方の声

1　ねらい

「りすさんの頼みを断った時」、「遊んでいる時」、「一緒に遊ぼうと誘った時」のあひるたちの気持ちを基に、仲よく遊ぶために必要な気持ちについて対話することを通して、周囲に目を向け、工夫しながら友達と楽しく活動することの大切さに気付かせ、身近な友達と仲よく助け合って生活しようとする実践意欲を育てる。

2　あらすじ　『およげないりすさん』（文部科学省：『わたしたちの道徳　小学校1・2年』）

かめ、あひる、白鳥が池の中の島へ行って遊ぶ相談をしていた時、りすがやってきて、「一緒に連れて行ってほしい」と頼まれるが、「泳げないから」という理由で断ってしまう。かめたちは、りすがいないまま遊んでいたが、りすのことが気になり、楽しく遊ぶことができなかった。

しばらく考えたみんなは、次の日、りすに昨日のことを謝り、今度はりすをかめの背中に乗せて、みんなで島に向かう。

3　授業を深めるワンポイント

(1)　教材を読みながら板書をつくる

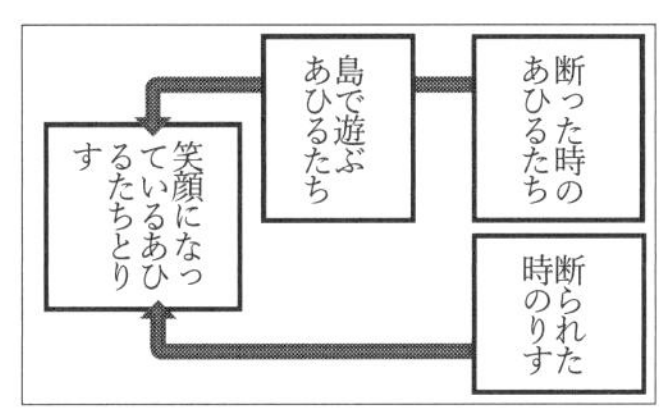

【教材を読みながらつくる板書】

低学年では、導入において教師が教材を読むことが多いと思います。その際、右のように心情の変化を矢印で示したり、対比しやすいように挿絵を上下、左右に分けて配置したりするなど、教材を読みながら板書をつくることで、話の内容を捉えつつ、主人公の道徳的変化が起きた場面に焦点化することができます。

(2)　心情円（心情円盤）などを使って対話を活性化する

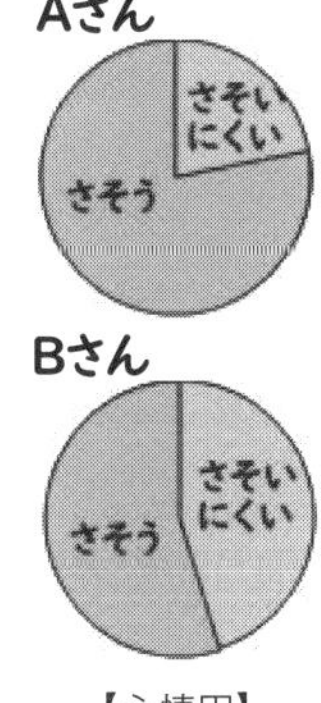

【心情円】

自己中心性から十分に脱していない低学年の段階において、感じたことや考えたことを伝え合っただけでは、共通点や差異点を捉えることができず、多面的・多角的な見方へと広がらない場合があります。そこで、心情円などを使って多様な感じ方があることを視覚的に捉えられるようにします。例えば右のように、「誘う」「誘いにくい」それぞれの度合いを表した２つの心情円を比較することにより、「誘いたい気持ちと誘いにくい気持ちが同じくらいなのはなぜだろう」と、考えの違いに気付き、理由を聞きたいといった対話への意欲が高まります。

タブレット端末を活用して、全員の心情円を一覧表示し、聞きたいと思った友達と思い思いに交流するといった方法も効果的です。

(3)　動画（静止画）を見ながら振り返る

実践意欲を高めるためには、学習したことを振り返って、自分のよさや課題を見いだすことが大切です。しかし、「友達と遊んだ時のことを思い出してみましょう」と言っても、うまく思い出せない子どももいると思います。そこで、あらかじめ、子どもたちが楽しく遊んでいる様子を動画（静止画）で撮影しておき、遊んでいる様子を見ながら振り返らせるようにします。日常の様子と学習した道徳的価値の理解を基に振り返ることで、仲よく遊ぶことのよさや楽しさを実感することができると同時に、自分自身の友達への関わり方のよさや課題を発見し、今後の学校生活をよりよいものにしていこうとする意欲を高めることができます。その際、子どもたちの気付きや変容、実践意欲を価値付けたり、称賛したりすることを忘れないようにしましょう。

4 本時の展開

	学習活動	○子どもの意識 ・教師の支援 発問(㊩:基本発問 ㊥:**中心的な発問**)
導入	①学習の目当てを設定する。	・断られた場面と誘われた場面のりすの気持ちを比較し、「仲よく遊ぶために大切なこと」について考えるきっかけをつくる。 ○はじめは断られたけれど、誘ってもらえてうれしい気持ちになっているよ。 ○あひるたちも、りすと一緒に遊ぶことができるようになって楽しそうだよ。 ○仲よく遊ぶためには、どんなことに気を付けるといいのかな。
	㊫仲よく遊ぶためには、どんなことに気を付けるといいのだろう	
展開	②断った時のあひるたちの気持ちについて話し合う。	㊩あひるたちは、りすが「一緒に連れていってね」とお願いした時、どうして断ったのだろう。 ○泳ぐことができないから「危ない」と考えたからだと思うよ。 ○自分たちが楽しく遊ぶことだけを考えていたからだと思うよ。
	③島で遊んでいる時のあひるたちの気持ちについて話し合う。	㊩あひるたちは、どうして「少しも楽しくなかった」のだろう。 ○りすのお願いを断ったことが気になっているからだよ。 ○りすも誘ってみんなで遊んだ方がもっと楽しいと思ったからじゃないかな。
	④誘った時のあひるたちの気持ちについて話し合う。	㊩もし、みんながあひるたちだったとしたら、すぐに謝って遊びに誘うことができたと思いますか。 ・心情円を使って「誘う」「誘いにくい」の度合いを表し、個々の感じ方・考え方の違いを明らかにする。

	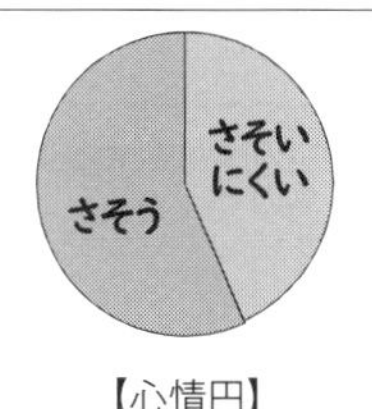 【心情円】	○僕は、一緒に遊ぶと楽しいから、誘うことができると思う。 ○私は、一度断っているから、声をかけるのが難しいと思う。
展開	⑤仲よく遊ぶために大切なことについて話し合う。	㊥**仲よく遊ぶためには、どんなことに気を付けるといいと思いますか。** ○悲しい思いをしている友達がいないか考えることが大切だと思う。 ○みんなで楽しく遊ぶ方法を考えることが大切だと思う。 ○悲しい思いにさせてしまった時は、謝ることも大切だと思う。
終末	⑥楽しく遊んでいる様子を撮影した動画を見せ、これまでの言動を振り返る。 	(基)この動画は、みんなで仲間づくりゲームをした時の様子を撮影したものです。みんな楽しそうですね。今日は、仲よく遊ぶことについて考えました。今までの自分について振り返り、できていることや、これから気を付けようと思うことを書きましょう。 ○このゲームをした時は、みんなが楽しくできるように気を付けていたよ。これからも、みんなを誘って楽しく遊びたい。 ○仲間に入れてあげられなくて、悲しい思いをさせてしまったことがあるから気を付けよう。 ・⑤の学習活動で出た観点に基づき、「できていること」「これから気を付けること」を記述させる。

評価	周囲に目を向け、工夫しながら友達と仲よく活動することの大切さについての理解を基に、自分のよさや課題に気付き、身近な友達と仲よく助け合って生活しようという意欲を高めている。【方法：発言・様相・記述】

5　本時の板書

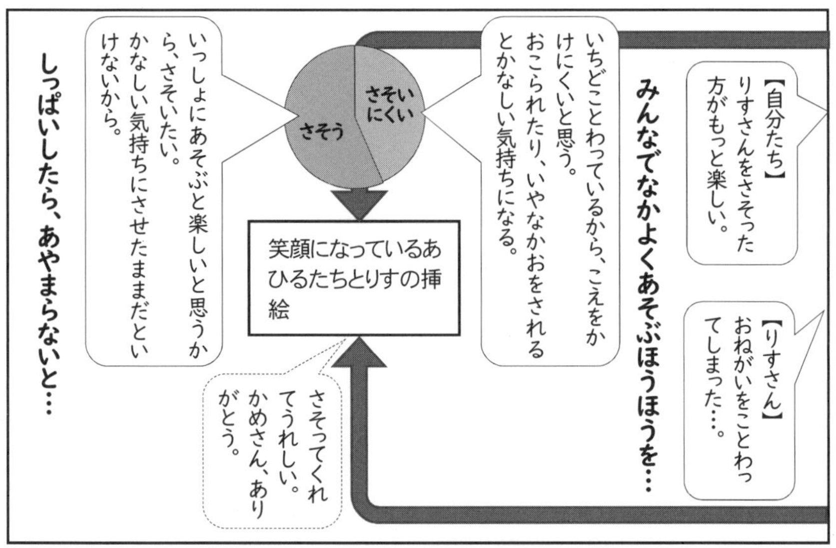

導　入

教師が資料を読みながら挿絵を貼っていき、話の全体像が見えるようにします。読み終わった後、断られた時のりすの挿絵と誘われた時のりすの挿絵を矢印でつなぎ、それぞれの場面でのりすの気持ちを想像させるようにします。

「みんなは、友達と楽しく遊べていますか」と問いかけ、経験を想起させた後、「仲よく遊ぶためには、どんなことに気を付けるといいのでしょう」と問いかけることで、日常生活とつなぎながら、課題意識をもって学習に取り組めるようにします。

展　開

断った場面、遊んでいる場面、誘った場面、それぞれのあひるたちの気持ちを考えていきます。

まず、断る場面では、「どうして断ったのだろう」と問いかけ、断るという行為が相手を悲しい気持ちにさせることを確認します。

次に、遊んでいる場面では、「どうして少しも楽しくなかったのだろう」と問いかけ、仲よく遊ぶ方法を考えることの大切さに気付けるようにします。

最後に、誘う場面では、謝ることの大切さに気付かせるために、「もし、みんながあひるたちだったとしたら、す

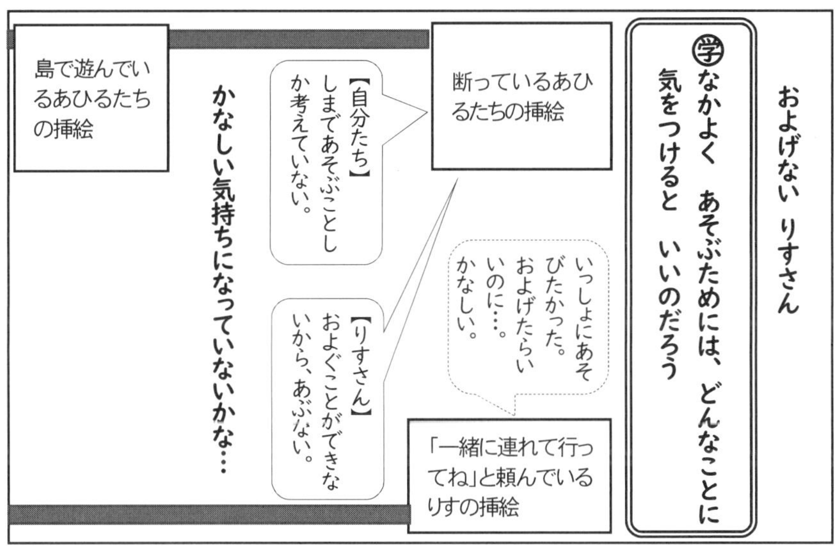

ぐに謝って遊びに誘うことができたと思いますか」と問いかけ、心情円を使って「誘う」「誘いにくい」度合いを表現させるようにします。違いを視覚的に捉えることができるようにすることで、理由を聞きたいという対話の意欲を高めます。

　すべての場面について考えた後、『仲よく遊ぶためには、どんなことに気を付けるといいと思いますか』と問いかけ、仲よく遊ぶために気を付けることを整理していくことで、終末の振り返りにおいて自分のよさや課題を明らかにする際の観点にします。

終末

　低学年の段階では、具体的な日常の遊んでいる場面を想起することが難しい子どももいます。

　そこで、子どもたちが遊んでいる様子を撮影し、楽しく遊んでいる様子（笑顔の場面）を精選して動画を作成しておきます。動画を見なせがら、「すでにできていること」、「これから気を付けようと思うこと」についてワークシートに記述させます。子どもたちが、友達と楽しく遊ぶために考えていることを肯定的に受け止め、称賛したり、励ましたりすることが大切です。

（白川章弘）

低学年 ないた赤おに

B-（9）友情，信頼　　主題名：友達っていいな

公立学校の先生方の声

低学年の子どもたちにとって、友達を大切にすることの大切さは理解できると思いますが、今後、信頼関係にまで気付かせていくことが難しいと感じます。

昔話といった物語の場面と、自分たちの生活場面とをつなげるためには、どうすればよいのでしょうか。

1 ねらい

子どもたちにとって友達は、大きな存在であり大きな影響力がある。だからこそ、友達とよりよい関係を築いていくことが必要である。友達を思ったり、友達が自分を思ってくれていることに気付いたりする中で、友達に対する思いを深め、より友達を大切にしようとする意欲を高める。

2 あらすじ 『ないた赤おに』（香川県小学校道徳教育研究会：『なかよし 2年』）

人間と友達になりたいと願っている赤鬼が「どなたも遊びに来てください」と看板を立てたが、誰も立ち寄ってくれず悲しみ、落ち込んでいた。その様子を見ていた青鬼は、「赤鬼はやさしい鬼で人間に危害を与えないこと」を分かってもらえるように作戦を考えた。青鬼がわざと村で大暴れをし、それを赤鬼がこらしめるという提案である。青鬼の提案した作戦は無事に成功し、赤鬼の家に人間たちが遊びに来るようになった。しかし、あれ以来青鬼の姿を見かけなくなり、赤鬼が青鬼の家に行くと「君のことは忘れない、いつまでも友達です」という貼り紙があり、赤鬼は涙を流した。

3 授業を深めるワンポイント

(1) 資料と自分の経験をつなぐ

【写真と吹き出し】

教材の内容と自分の経験とがかけ離れている場合、子どもは、主人公の気持ちを考えることが難しいことが予想されます。そこで、主人公の気持ちに近づけられるように、これまでの子どもたちの経験を、写真と吹き出しを用いて想起できるようにします。自分と資料をつなげ、登場人物がどのような気持ちでいたのか、具体的にイメージできるように工夫します。

(2) 気持ちを表出しやすくする仕掛け

【お面を付けた担任】

「自分の思いを書きましょう」と低学年の子どもに伝えると、何をどのように書けばよいのか困ることがあります。その際、担任がお面を付けて考えさせたい人物になりきり、そこに話しかけられるような仕掛けを行います。日々の子どもたちの実態に応じた仕掛けによって、子どもたちは自分の気持ちを素直に語ることができると思います。発言によって表出された子どもの思いを、文章に表すように促すという順で行います。

(3) 微妙な気持ちを表せる教具「ハートカード」(心情円)の活用

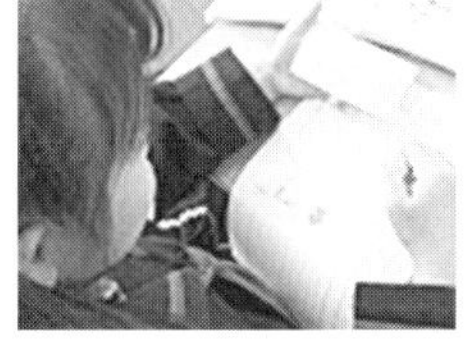
【ハートカード】

低学年の子どもたちは、自分の気持ちを伝える際、「うれしい」「悲しい」等、短いことばで表すことがあります。しかし、その中には「うれしいけれど…」といったことばにならない思いも含まれていることもあります。その複雑な思いを視覚的に示すことで、ことばにならない思いを表出できます。また、自分と友達の気持ちの表し方を比べられるので、自然と「どうして、黄色の方が多いの？私は、黄緑の方が多いんだけどな…」と、理由を問うことができます。

(4) 毎時間考えた価値を心の中に留める「心の貯金箱」

【心の貯金箱】

道徳の学習で自分が感じたことを心の中に貯めるイメージで、振り返りの時間に残していきます。毎時間貯めた思いを書き込むため、これまで貯めた思いも見直すことができます。

４　本時の展開

<table>
<tr><th></th><th>学習活動</th><th>○子どもの意識　・教師の支援
発問（(基)：基本発問　㊥：中心的な発問）</th></tr>
<tr><td rowspan="2">導入</td><td>①アンケートの結果を用いて友達に対する思いを知る。

②学習の目当てを設定をする。</td><td>・「友達アンケート」の結果を提示し、友達に対する様々な考えに気付けるようにする。
○困っていたら助けてくれる人が友達だと思っている人が多いな。
○一緒に喜んでくれる人が友達だと答えた人もいたんだな。
○赤鬼さんは、青鬼さんからもらった手紙を読んで泣いていたよ。青鬼さんがいなくなったからかな。</td></tr>
<tr><td colspan="2">㊫どうして赤鬼さんは、泣いたのだろう</td></tr>
<tr><td>展開</td><td>③２つの場面の青鬼に対する赤鬼の気持ちを考える。
・村人たちが遊びに来るようになった場面

・青鬼の手紙を読む場面</td><td>(基)みんなも赤鬼さんみたいに、自分がしてほしいことや頼んでないけれど何かしてもらったことはありますか。
○僕は、おもちゃ作りで段ボールを支えてくれていた友達が「いい感じ」と言ってくれたのが、うれしかったよ。きっと、赤鬼さんは、僕みたいに「ありがとう」と言うだろうな。
○絵の具の水をこぼしてしまった時に、友達が上靴に水がかかったけれど床を拭くことを手伝ってくれたよ。こんなことになってしまったから「ごめんね」と言うかな。
・「ありがとう」と「ごめんね」を左右に並べて板書する。
㊥みんなは、いなくなった青鬼さんにどんなことばをかけますか。</td></tr>
</table>

展開	④「ごめんね」と「ありがとう」のどちらを赤鬼は青鬼に言ったのかを考える。また、その理由を話し合う。 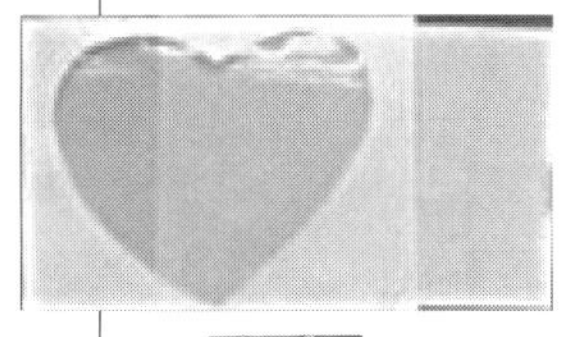  	・「ありがとう」を黄、「ごめんね」を黄緑で表す「ハートカード」を用いて、どちらの思いが強いか視覚的に表せるようにする。 ○私は「ありがとう。青鬼さんのおかげで村人と仲よくできたよ」と言うかな。 ○僕は、「ぼくのせいでごめんね」と言うかな。 ○でも、「ごめんね」と「ありがとう」の両方言うかもしれないな。どちらか選べないな。 ・２つの場面から出たことばを板書上でつなぎ、価値に迫る。 ㊮赤鬼さんは青鬼さんに「ありがとう」と「ごめんね」のどちらの思いが多いのかな。 ○赤鬼さんは、青鬼さんが自分のことを思ってわざと悪い役になってくれたんだな、これって友達じゃなきゃできないよ。 ○赤鬼さんと青鬼さんはお互いを大事な友達だと思い合っているんだな。
終末	⑤友達について本時感じたことを基に、振り返る。	㊮友達のことを考えてきたけれど、どんなことが心の貯金箱に貯まりましたか。 ○青鬼さんみたいに、赤鬼さんが喜ぶことを友達にしたいな。やっぱり友達は大事だもの。 ○お互いを思い合うことができる人が本当の友達だと思うよ。 ・「心の貯金箱」に友達について感じたことを記述するように声をかける。

評価	青鬼にかけることばを考え対話することを通して、友達が自分の事を思ってくれていることに気付き、友達を思い合うことの大切さをより実感し、友達について感じたことを記述している。　【方法：発言・様相・記述】

5 本時の板書

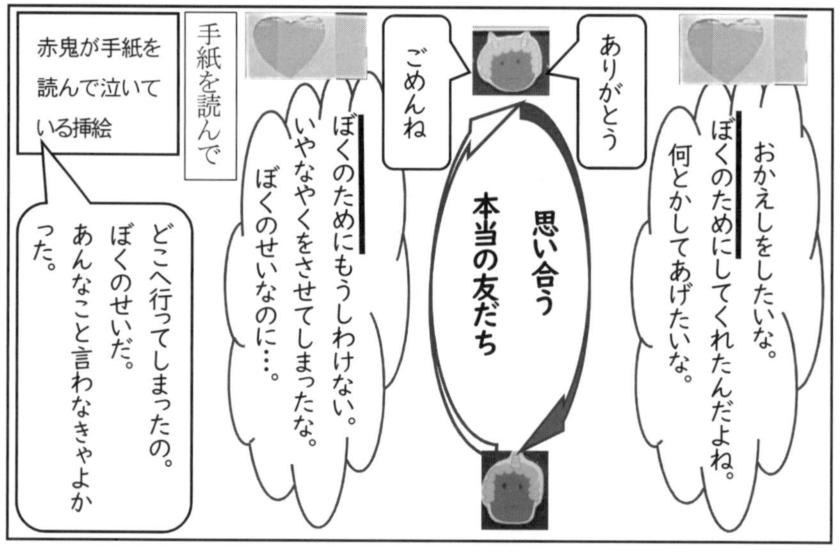

導入

事前に行った「友達アンケート」の結果から、「友だち」について様々な考え方があることを知った上で、教材を読みます。

本教材の場面は、子どもたちの日常生活とはかけ離れているため、紙芝居を用いて話を整理しながら、場所や登場人物の思いを理解できるようにします。その後、挿絵を用いて赤鬼の初めと終わりの気持ちが変わったことを確認し、学習の目当てを設定します。その際、気持ちの変容が捉えられるように板書に矢印で示すようにします。

展開

村人たちが遊びに来るようになった場面と青鬼の手紙を読んだ場面の赤鬼の気持ちを考えていきます。子どもたちは、初めは「うれしかっただろうな」と表面的な気持ちだけを表出するでしょう。しかし、その「うれしかった」と思う理由は様々です。その理由をしっかり取り上げ、自分の生活の中でも感じたことのあるうれしさと重ねられるようにし、「信頼する友達とは」について考えを深めていきます。その際、表出される「ありがとう」と「ごめんね」のことばを板書し、『みんなは、いなくなった青鬼さんにどんなことば

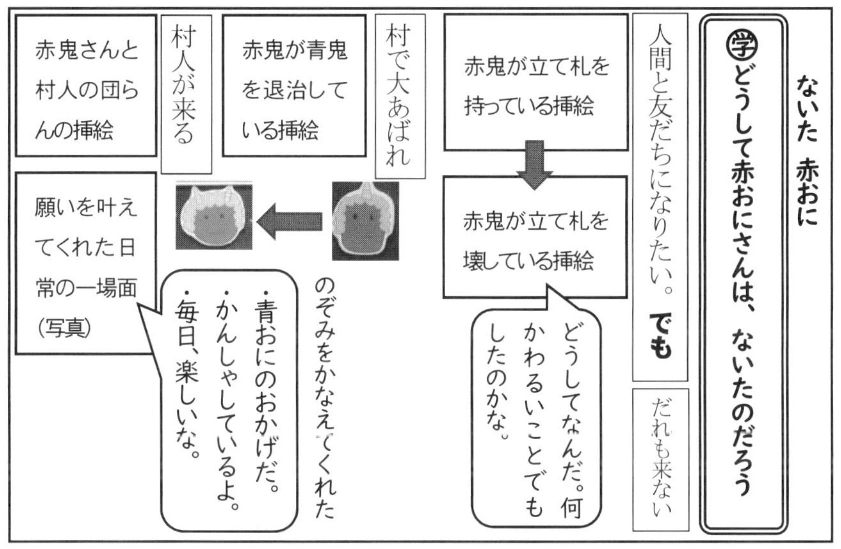

をかけますか』と問いかけ、どちらのことばを伝えるのか「ハートカード」（心情円）を用いて表現させます。「ありがとう」は黄で「ごめんなさい」は黄緑で表すように伝えます。お互いの表し方の違いが明確になり、その理由を聞きたいという子どもたちの思いから、対話を促します。そして、子どもの発言をまとめながら板書し、違うことばを選んでいるのに同じ思いが表出されていることに気付けるように、発言を繰り返したり、問い返したりするようにします。

終末

最後に、「友だちアンケート」を再度提示し、友達について本時心に残ったことや深まった考えを振り返ります。「今まで～できていなかった」というように、反省として振り返りをする子どもがいると思います。その際は、教師が「素直に自分のことを振り返ることができているね」等の肯定的な声をかけるようにしましょう。そして、この時間に感じたことを「心の貯金箱」に貯めていくことで、実践への意欲を高められるようにしていきます。

（山路晃代）

低学年　黄色いベンチ

C-(10) 規則の尊重　　主題名：みんなのことを考えて

公立学校の先生方の声

「きまりだから大事だ」と、表面的な理解になってしまいます。自己を見つめられるようにするにはどうしたらよいでしょうか。

怒られないためにルールを守る必要があると考えている子どもが多く、互いに気持ちよく過ごすために守るべきマナーがあるというところまで考えを深めていくことが難しいです。

２年生の子どもたちが多面的・多角的に考えられるようにするために、話合いの指導をどのように工夫したらよいでしょうか。

1　ねらい

約束やきまりはみんなが気持ちよく安心して過ごすためにあるという理解を基に、公共物や公共の場所を使用する際に大切にしたい思いを互いに認め合いながら、約束やきまりについて、考えを深めていく。そして、みんなが使う物や場所についての約束やきまりをみんなのことを考えて守ろうとする意欲を高める。

2　あらすじ　『黄色いベンチ』（文部科学省：『わたしたちの道徳　小学校１・２年』）

雨上がりの公園で紙飛行機を飛ばすことにした、たかしとてつおは、高いところから飛ばしたいという思いから黄色いベンチに目を付ける。何度も何度もベンチの上に上がって、紙飛行機を飛ばすことに夢中になっていた２人は、ベンチを泥だらけにしてしまう。その後、ブランコに乗って遊んでいる際、後から来てベンチに座った女の子の服が泥で汚れてしまった様子を見た２人は、はっとして、反省の念にかられる。

3　授業を深めるワンポイント

（1）　教材に引き込む

低学年の場合、資料を読むだけでは、教材の場面理解が十分でなかったり、注意を持続できなかったりすることがあります。そのため、教材を提示する際には、教科書を読むばかりでなく、紙芝居やペープサートなどを用いるとよいでしょう。子どもに興味をもたせながら、場面の状況を整理し、教材に引き込むことができます。教材文の途中で、「この時の男の子の気持ちが分かるかな」などと発問することで、登場人物の心情を想像しやすくし、「私も同じように思うときがあるよ」や「そんなことは考えたことがなかったな」のように、人間理解や他者理解を促すことができます。紙芝居であれば、A3用紙に印刷した挿絵を透明のハードケースに入れるだけで準備ができ、板書資料としても活用できます。

また、教材の登場人物の心情理解につながる経験をしていることも重要です。紙飛行機を遠くに飛ばしたいという思いからベンチに立ってしまった登場人物の心情を理解し、共感的に考えられるようにするためには、自分に似たような経験が無くては想像することは難しいでしょう。他教科や日常生活との関連を図りながら、授業を考えることができるとより深い道徳的価値の理解に迫れるでしょう。

【登場人物の心情理解につながる経験】

（2）　自己の振り返りの相互評価

本時の道徳的理解を基に、自己を見つめて記述したことを友達と見せ合い、相互評価する場を設定します。記述した内容について、「なるほど」と納得したことや「すごいな」と感動したことに赤線を引くように声をかけます。この活動により期待する効果は次の２点です。

①他者の振り返りを読むことで、多面的・多角的な価値理解を促すことができる。

②他者に自分が振り返ったことを認めてもらうことによって、自己肯定感を高め、実践意欲を高めることができる。

活動に慣れてくれば、読み合った後に、「どうしてそう思ったの」と考えたことの理由などを質問し合うことで、さらに自己を見つめることにつながるでしょう。

4　本時の展開

	学習活動	○子どもの意識　・教師の支援 発問（(基)：基本発問　㊥：**中心的な発問**）
導入	①身近な公共物についての2つの例を基に、学習の目当てを設定する。	・身近な公共物の使い方の約束を守れている例とそうでない例を写真で提示して比較させ、目指したい姿を確認する。 (基)どちらの使い方がいいですか。 (整頓されている遊具と整頓できていない遊具の写真を見せながら) ○整理されている方が気持ちいいよ。 ○汚いと次の人が困るよ。 ○きれいに使えるようになりたいな。
	㊫みんなの物を使うには、どんな心が大切だろう	
展開	②教材文を読み、女の子の姿を見て、はっとした2人の心情を考える。	・教材文を紙芝居で読み聞かせながら、場面の状況を確認する。 (基)ベンチから紙飛行機を飛ばしているときの2人の気持ちは分かりますか。 ○低いところだと、うまく飛ばせないから高いところから飛ばしたい。 **㊥2人がはっとして、顔を見合わせたとき、どんなことを考えていたでしょう。** ○僕たちのせいで、女の子を困らせてしまった。 ○服が汚れて女の子がかわいそうだ。 ○ベンチは座るものなのに、いけないことをしてしまったから謝らなくちゃ。
	③ブランコに立って遊ぶことについて、話し合う。	・ベンチは座るものだが、ブランコには立って遊ぶことを想起させる。その後、ブランコに立つ（赤）、立たない（青）を心情円で表現させ、ペアで話し合う場を設定する。

<table>
<tr><td>展開</td><td></td><td>(基)みんなは、泥だらけの靴でブランコに立ちますか。
○私は立たないよ。だって、ベンチと一緒で次に使う人が困ってしまうからだよ。
○立ったらだめだという気持ちはあるけれど、私は立つだろうな。立った方が楽しいからね。
○楽しいのは分かるけれど、みんなが使うものだから次の人のことを考えて使うのが大事だよね。
○ブランコに立って遊ぶのはいいけれど、次の人が使いやすいようにきれいに拭くといいよ。
○次に使う人のことを考えて使えば、みんなが笑顔になれるよ。</td></tr>
<tr><td>終末</td><td>④本時の学習を基に、自分の生活を振り返り、これからの生活の仕方を考える。</td><td>・身の回りの公共物や公共の場所の写真を提示して、自分のこれまでの使い方を想起しやすくする。
(基)みんなで使う物には、こんなものもありますね。自分の使い方について、「今まで」と、「これから」で振り返りましょう。
○今までも鉛筆削りを使ったら、次に使う人のことを考えて、削りカスを捨てていたよ。これからも続けたいな。
○今までは早く外に行きたいから廊下を走っていたけれど、これからは他の人がけがをしないように、きちんと歩くようにしたいな。
・記述したことをペアで見せ合い、「すごいな」「いいな」と思ったところに赤線を引き、相互に評価し合う場を設定する。</td></tr>
</table>

<table>
<tr><td>評価</td><td>公共物などの使い方の約束があるのは、みんなが気持ちよく過ごせるためであるという理解を基に、自分の生活場面を想起し、みんなのことを考えて、大切に使おうとする意欲を高めている。　【方法：発言・様相・記述】</td></tr>
</table>

5 本時の板書

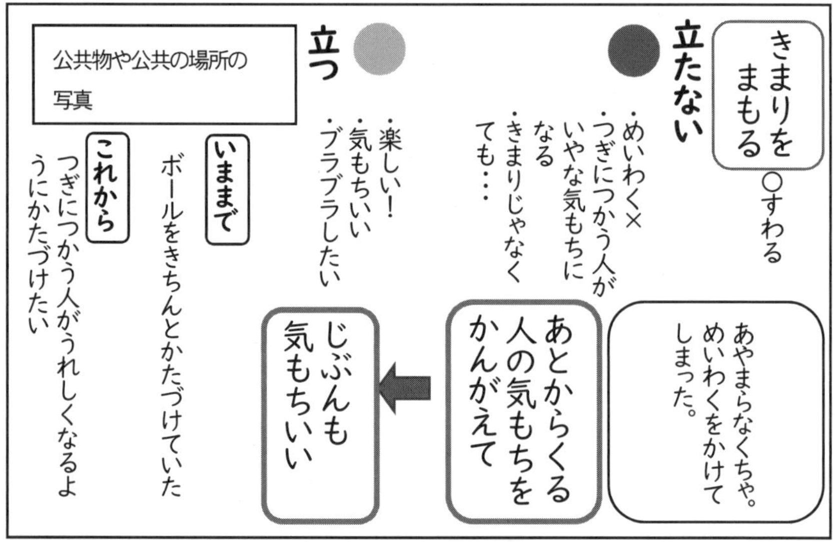

導入

事前にアンケートで把握しておいた、子どもたちの考える、公共物や公共の場所から、使い方の約束やきまりを守っている例とそうでない例の写真を提示して比較させます。すると、子どもたちは、自分のそれらの使い方を振り返りながら、みんなで使うものを大事にしたいという思いを抱き、本時の目当てを設定していくでしょう。

低学年の子どもたちは、日頃の生活場面を想起するのが難しい場合があります。生活場面を写真等で視覚的に示すことで、自分の生活を振り返らせる支援になります。

展開

泥だらけの靴でベンチに上がることについて、『2人がはっとして、顔を見合わせたとき、どんなことを考えていたのかな』と発問し、女の子への申し訳なさや公共物を大切にしたい思いから、自分たちの行いを反省している登場人物の気持ちを想像できるようにします。そして、ベンチに立って遊ぶことは、ベンチの使い方が不適切で、他者の迷惑になることを確認した上で、「ブランコは立って遊ぶよね。ブランコだったらどうする」と問い返し、「みんなは、泥だらけの靴でブランコに立ちますか」と発問します。

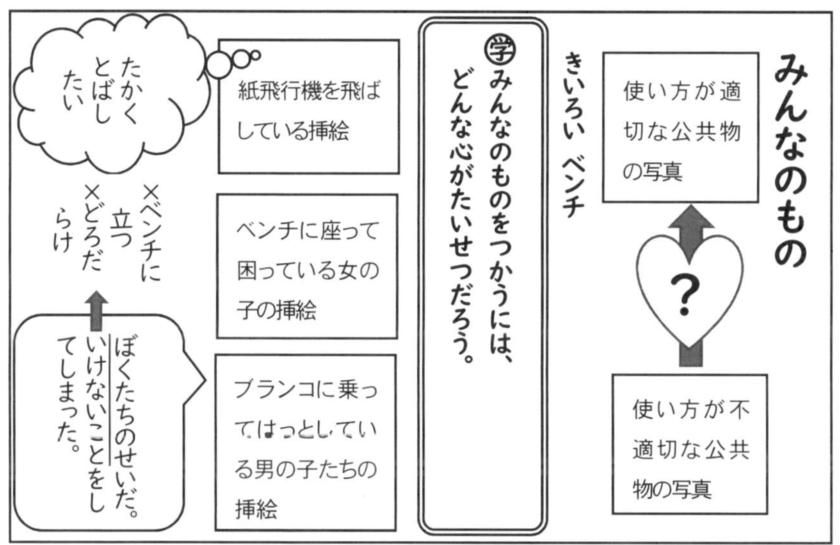

ベンチと違い、ブランコという立って遊ぶことができるものについて、自分だったら「立つか」「立たないか」という立場を心情円によって表出させ、ペアで話し合う場を設定します。心情円を用いることで、2つの立場の間にある自分の揺れ動く心に気付くとともに、友達との違いを視覚的に捉えられるようにします。そうすることは、友達の考えの理由を知りたいという気持ちを高めて、主体的に話し合う支援になります。そうして、公共物を使う際の価値理解を基に、人間理解や他者理解も促していきます。

終末

身の回りにある公共物や公共の場所の写真を提示し、具体的な場面をイメージして、自分を見つめるきっかけをつくります。そして、「今まで(も・は)」と「これから(も・は)」の2つの観点を提示し、振り返ったことを記述させます。「今までもできていた」自分のよさに気付けるように声をかけましょう。その後、記述したことをペアで見せ合い、「すごいな」「いいな」と思ったところに赤線を引かせます。考えたことを互いに肯定的に認め合えるようにすることが、実践意欲を高めることにつながります。 (好井佑馬)

中学年 絵葉書と切手

B－(9) 友情，信頼　主題名：友達ならどうする

公立学校の先生方の声

手紙を出したことのある経験が少ない児童に対して、教材の内容（定形外について、大きさによる切手の違いなど）を授業時間だけで理解させることは難しいと感じました。

「教える」「教えない」の二項対立で、子どもたちに、自分の考える正しいと思う行動とその理由について議論させました。しかし、なかなか、最後のひろ子の行動に納得できないままで、話がかみ合わなかった気がしました。相手の意見を受け入れながら話し合うことが難しいです。

1　ねらい

友達から送られてきた絵葉書の切手が料金不足だったことを、本人に伝えるかどうか迷う主人公の気持ちを考える中で、互いに理解し、信頼し、助け合うことの大切さに気付いて、友情、信頼の価値を多面的・多角的に理解し、友達とのよりよい関係を築いていこうとする意欲を高める。

2　あらすじ　『絵葉書と切手』（学研：『新・みんなのどうとく　3年』）

ひろ子のもとに、転校していった友達の正子から、絵葉書が届く。しかし、その絵葉書は定形外郵便だったため、料金不足となり、ひろ子の兄が不足料金を郵便屋さんに支払った。切手の料金が不足していたことを正子に教えてあげた方がよいと言う兄と、お礼だけを伝えた方がよいと言う母。ひろ子はどうするべきか思い悩んだ末、大切な友達だからこそ料金不足だったことを知らせようと決心し、正子への返事を書き始めた。

3 授業を深めるワンポイント

(1) 心メーター(対立軸)に自分の考えを位置付ける

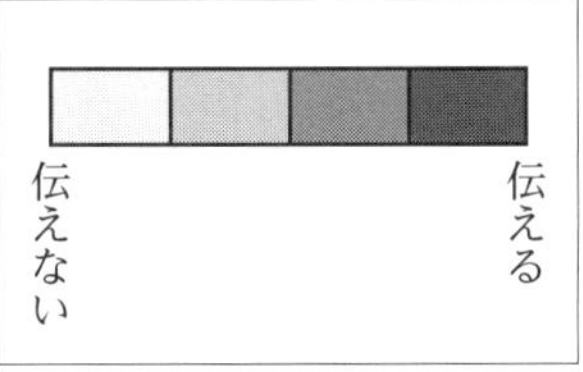

【心メーター】

道徳科の授業では、教材文の内容を自分のこととして捉え、自分の考えを友達と伝え合うことが大切です。しかし、挙手した子どもを指名するだけでは発言する子どもが偏ってしまったり、話すのが苦手な子どもは友達の発言を聞いているだけで終わってしまったりすることもあるのではないでしょうか。「あなたがひろ子さんだったら、料金不足のことを、正子さんに伝えますか、伝えませんか」と選択を促す発問をし、心メーターに名前磁石で自分の考えを位置付けることで、次のようなよさが生まれます。

① 発問の答えは「伝える」「伝えない」の2択(または「どちらも選べない」も含めて3択)なので、全ての子どもが自分の考えをもちやすく、それを名前磁石で板書に示すことで、全員が参加できる授業となります。

② 心メーターの様々な場所に位置付いた名前磁石によって、「伝える」「伝えない」のいずれを選んだとしても、その思いの強さには違いがあることが明確になり、対話への意欲を高めることができます。名前磁石を見て、考えを聞いてみたい友達を絞って交流することもできます。

③ 話をするのが苦手な子どもも、ワークシートや各個人の教具(心メーター)を見せながら交流すると、自分の考えを表出することができます。同じ位置を選んだ友達と交流して、自分の考えをもつ手掛かりにするとよいでしょう。

行動の是非ではなく、考えの理由を交流する活動を通して、子どもたちは課題に対して多様な感じ方や考え方があることに気付き、他者理解を深めていきます。

(2) 「できていた自分」に気付かせる振り返り

教師が観点(「これまでの自分」「これからの自分」等)を示すと、子どもたちが振り返る内容を焦点化しやすくなります。これまでの自分を振り返る際には、できていなかったことばかりに目を向けるのではなく、これまでできていたことにも気付けるようにすることが大切です。友達のことを信頼して行動できていたという子どもを取り上げて具体的な場面を尋ねたり、教師が日常の場面を紹介したりして、その行動を称賛することで、自分のよさを知ったり、自分もそのような行動をしていこうという実践意欲を高めたりすることができます。

４　本時の展開

	学習活動	○子どもの意識　・教師の支援 発問（(基)：基本発問　㊥：**中心的な発問**）
導入	①学習の目当てを設定する。 **『友達』とはどんな人？** ・いっしょに遊ぶ ・困っていたら、助ける ・悪口を言わない ・悪いことをしていたら注意する	・アンケート「あなたにとって友達とはどんな人ですか」の結果を提示し、教材と実生活をつなげる。 ○友達の捉え方には、いろいろな考えがあるね。 ○定形外郵便で料金不足の時は、受け取る人が不足料金を払わないといけないのだな。 ○ひろ子さんは料金不足を伝えるか迷ったけど、最後は伝える決心をしたのだね。
	㊫なぜひろ子さんは、料金不足のことを伝えようと思ったのだろう	
展開	②自分なら料金不足を伝えるかどうかを選択し、その理由を話し合う。 (1) 自分で (2) 全体で	(基)あなたがひろ子さんだったら、料金不足のことを、正子さんに伝えますか、伝えませんか。 ・板書で「伝える」「伝えない」の心メーター（対立軸）を示し、名前磁石で自分の考えの位置を表出させることで、多様な考えがあることが視覚的に捉えられるようにする。 ○私は伝えないかな。せっかく正子さんが絵葉書を送ってくれたのに、料金が足りなかったと言ったら、嫌な思いをするかもしれないよ。 ○僕は伝えるよ。正子さんが他の人にも料金不足で葉書を出してしまったらいけないから、教えてあげた方が親切だよ。 ○伝えた方がいいのだろうけれど、それで友達と気まずくなるのは嫌だから･･･決められないな。
	③ひろ子さんが料金不足のことを正子さんに伝えようと決心した理	㊥**思い悩んだ結果、ひろ子さんが正子さんに伝えようと決めたのはなぜだと思いますか。** ○友達のＡさんなら、きっと僕の気持ちを分かっ

展開	由について話し合う。	てくれると思うな。ひろ子さんも同じように、正子さんなら分かってくれると思って、伝える決心をしたのではないかな。 ○もし伝えなかったら、ひろ子さんはずっと心がすっきりしないだろうし、正子さんも後から知ったら悲しむかもしれないよ。 ○勇気を出して伝えたら、お互いが笑顔になれそうだね。 ○言いにくいことでも、相手のことを信じて行動することが大切だよ。そうすれば、きっと今よりもっと仲良くなれると思うよ。
終末	④本時の振り返りをする。	㊭友達との関わりについて、自分自身のことを振り返ってみましょう。 ○今までは一緒に遊んだり困っている時に助けたりすることはできていたけれど、正しいことや直してほしいことも伝えられるようになりたいな。 ○友達に注意をするのは勇気がいるけれど、きっと分かってくれると信じて、これからは伝えるようにしたいな。 ○注意をされたら腹が立つこともあったけれど、友達は僕のことを大切に思って言ってくれていたのだと気付いたよ。 ・導入で提示したアンケート結果を振り返らせ、友達との関わりについて考えを深められるようにする。

評価	よりよい友達関係を築くためには、互いによく理解し、信頼し合うことが大切だという理解を基に、これまでの自分を振り返り、自分自身の課題やよさを見付けている。　【方法：発言・様相・記述】

5　本時の板書

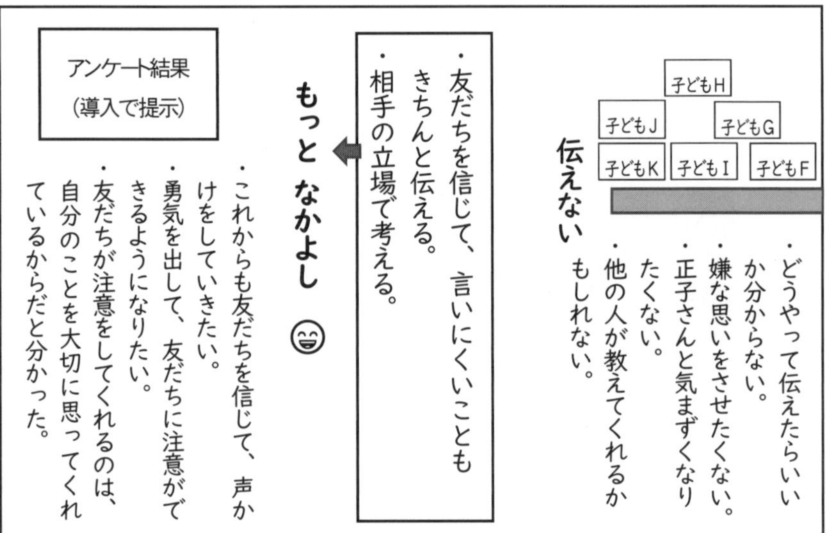

導入

事前アンケート「あなたにとって『友達』とはどんな人ですか」の結果を提示し、子どもたちの友達に対する捉えを明確にしておきます。「一緒に遊ぶ」「困っていたら助ける」等の考えが大半であると予想されますが、中には「いけないことを注意する」「悪いことをしていたら止める」といった違った視点からの考えもあるかもしれません。友達の捉え方はいろいろあることに気付かせ、それらを主人公の迷いに重ね合わせていくことで、子どもたちと教材をつなぎ、自分のこととして考えていけるようにします。

展開

「あなたがひろ子さんだったら、料金不足のことを、正子さんに伝えますか、伝えませんか」と発問し、選択を促します。そして、板書に示した心メーター（対立軸）に名前磁石で自分の考えを表出させ、そう考えた理由を話し合います。選択肢としては2つですが、心メーターに示すことで、その思いの強さには違いがあることが視覚化され、友達の考えを聞いてみたいという思いを高めることができるでしょう。友達との対話を通して、伝える方を選んだけれど嫌われたくない思いもあることや、伝えない方を選んだけれ

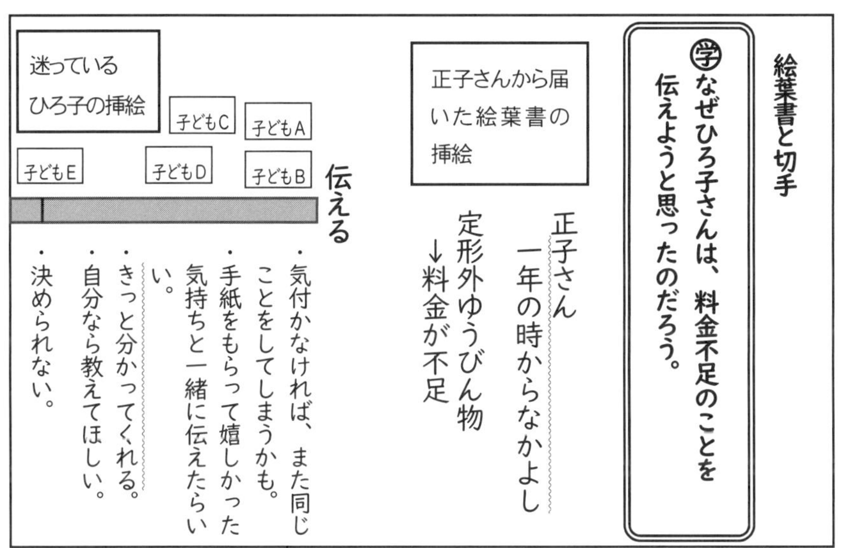

ど自分なら教えてほしい等と、両方の思いの葛藤があることを共有します。

その後、『思い悩んだ結果、ひろ子さんが正子さんに料金不足のことを伝えようと決めたのはなぜだと思いますか』と発問します。ひろ子さんと正子さんを自分と友達に置き換えて考えさせることで、「きっと分かってくれる」と相手を信じる気持ちや、友達のためにもきちんと伝えた方がよいという思いを表出させ、友達とよりよい関係を築くために大切なことについて考えを深めていきます。

終末

振り返りでは、「これまでの自分」と「これからの自分」という２つの観点を示すことで、自分のよさや課題について考えることができるようにします。導入で示したアンケートを改めて見返したり、心メーターの位置を再考したりして、学習前の考えと比較させると、自分の考えの変化や深まりに気付きやすくなるでしょう。道徳的価値は理解しつつも実行する難しさを感じている子どもの思いに共感しながら、励ましの声をかけ、子どもたちの実践意欲を高めていくことが大切です。

（片岡亜貴子）

中学年　心と心のあくしゅ

B-(6)親切，思いやり　　主題名：心と心のつながり

公立学校の先生方の声

学んだことが分かりやすい板書にしたいです。子どもたちの意見を拾いながら残していくと、情報量が多すぎる板書になりがちなのが課題です。

「困っている人がいるときは、応援することが大事だと分かった」と振り返りに書いていた子どもがいて、価値を押し付けてしまったように感じました。

「ほんとうの親切」という言葉を授業で用いましたが、子どもの中に落ちているのか不安です。

1　ねらい

相手のことを考えて、励ましや援助をすることが大切であるという理解を基に、親切にする理由を考えて伝え、友達の考えに耳を傾けながら親切な行為についての自分の考えを深めることを通して、相手のことを自分のこととして想像し、親切な行為を自ら進んで行おうとする意欲を高める。

2　あらすじ　『心と心のあくしゅ』（文部科学省：『わたしたちの道徳　小学校3・4年』）

主人公「ぼく」は、学校から帰る途中、荷物を持ったおばあさんに出会う。「荷物、持ちます」と声をかけるが、断られて残念に思った「ぼく」。その後、母親の話から、おばあさんが歩く練習をしていること、足がやっと治ってきたことが分かった。数日後、同じおばあさんに会ったとき、「ぼく」は、どうしようか考えて、今度は声をかけずに見守り、後ろをついて行くことにした。家にたどり着き、振り返ったおばあさんの笑顔を見て、「ぼく」の心はぱっと明るくなり、「心と心のあく手」をしたような気がした。

3　授業を深めるワンポイント

(1)　学習前の自分の道徳的価値の理解を明確にしておく

事前に、「親切とはどのような行動か」について自分の考えを書く機会を設けます。学習前に、自分がもっている親切についての考えを明らかにしておくためです。授業のはじめに、それらの考えを共有する時間を取ります。子どもたちはさまざまに自分のもっている親切観を表出していきます。その後、教材文を読み、登場人物の親切と、子どもたちがもっている親切についての考えを比較しながら、考えを深めていけるようにします。

(2)　教材と自分をつなぐ

ずっとおばあさんのことを考えていた主人公の気持ちと、自分だったらどうするかを考えるためにカードを用意します。そこには、主人公がどんな気持ちであったかを記述できるスペースと隣り合わせで、おばあさんに対して自分だったらどのように行動するかを記述できるスペースを設けます。主人公の立場で考えることで、教材文と自分を近づけることができるでしょう。また、自分だったらどうするかを考える際には、複数の行為を黒板上に例として示します。記述を始める前に、複数の行為の中から選択したものを挙手させることで、多様な考えがあることを視覚的に捉えられるようにし、対話への意欲を高めます。班での話合いでは、カードを基に理由を話し合うことで、おばあさんに対する親切な行為についての考えが深まるようにします。カードと板書の構造はなるべく同様にするなどして、分かりやすくしておくとよいでしょう。

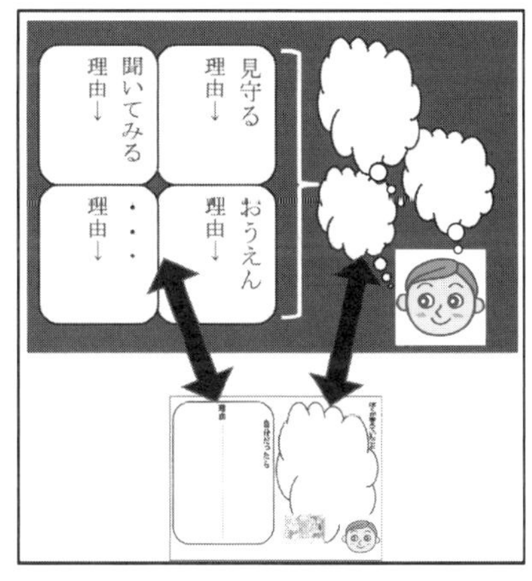

【板書とカードの構造をそろえる】

(3)　学び続ける意欲を育てる自己評価の工夫

授業の終末場面では、改めて「親切とはどういうことか」について考えを書かせます。この考えと事前に書いた考えを比べることで、自分の考えのよさや深まりに気付けるようにします。さらに班の友達と考えを交流し、友達の考えを参考にしながら自分の考えをつくったり、よいと思った考えを書き加えたりする時間を設定します。

４　本時の展開

	学習活動	○子どもの意識　・教師の支援 発問（㊍：基本発問　㊥：**中心的な発問**）
導入	①親切に対する考えを発表し、学習の目当てを設定する。	・アンケート「親切とはどのようなことか」に記述した考えを発表させ、さまざまな考えを共有した後、学習の目当てを設定する。 ○親切とは、「自分から人を助けること」だと思うよ。 ○親切とは、「相手がされたらうれしいことをすること」だと思うよ。 ○２つの考えは、同じかな。親切って何だろう。
	㊫親切とはどういうことだろう	
展開	②おばあさんを助けたい主人公の思いと、断られた主人公の思いを考え発表する。 ③母親の話を聞いた主人公の気持ちを考えて、次におばあさんに会ったとき自分だったらどうするか話し合う。	㊍おばあさんを助けようと思ったときの、主人公の「ぼく」は、どのような気持ちだったのだろう。 ○「心配だな」と思っていたのではないかな。 ○「大丈夫かな、大変そうだな」という気持ちだと思うよ。 ○「せっかく持ってあげようと思ったのに断られたよ。残念」と思っているのではないかな。 ・教材文の母親の話を確認する。 ○おばあさんは、歩く練習をして、あそこまで回復したのだな。 ㊍「ぼく」はおばあさんについてどんなことを考え続けていたのでしょう。 ○おばあさんに声を掛けなければよかった。 ○おばあさんには断る理由があったのだな。 ○おばあさんのことを考えていなかったな。 **㊥自分だったらどうしますか。**

展開		○後ろをついていくよ。 ○おばあさんにどうしてほしいか聞くよ。 ○おばあさんを応援したいよ。 ・子どもたちから出てきた複数の行為から、どれを選ぶかを挙手させ、多様な考えがあることに気付かせ、対話への意欲を高める。 ○僕は後ろをついていく。おばあさんに何かあったらすぐに助けることができるから、おばあさんも安心してくれると思うからだよ。 ○私は、おばあさんにどうしたいか聞くよ。その方がおばあさんもうれしいと思うからだよ。 ・子どもたちが使うワークシートと板書を同じ構造にすることで、多様な考えを分かりやすくするとともに、どの理由もおばあさんのことを考えたものになっていることを捉えさせる。
終末	④親切についての自分の考えを書き、本時を振り返る。	(基)親切にするとはどういうことでしょう。この時間を振り返って、ノートに考えを書きましょう。 ○見守ることも親切な行動になるのだと分かった。親切とは、相手のことを考えることが大切だ。 ○今までも相手のことを考えて親切ができていたよ。これからも続けていきたいな。 ○これからは、本当に相手がしてほしいと思っていることをよく考えたいな。 ・本時の最初に確認した自分の考えと比べながら記述できるようにする。

評価	親切な行動ができた主人公の気持ちを考え、相手にとっての親切な行動について話し合うことを通して、親切とは相手の気持ちを考えたものであるという理解を基に自己の生き方を考えている。　【方法：発言・様相・記述】

５　本時の板書

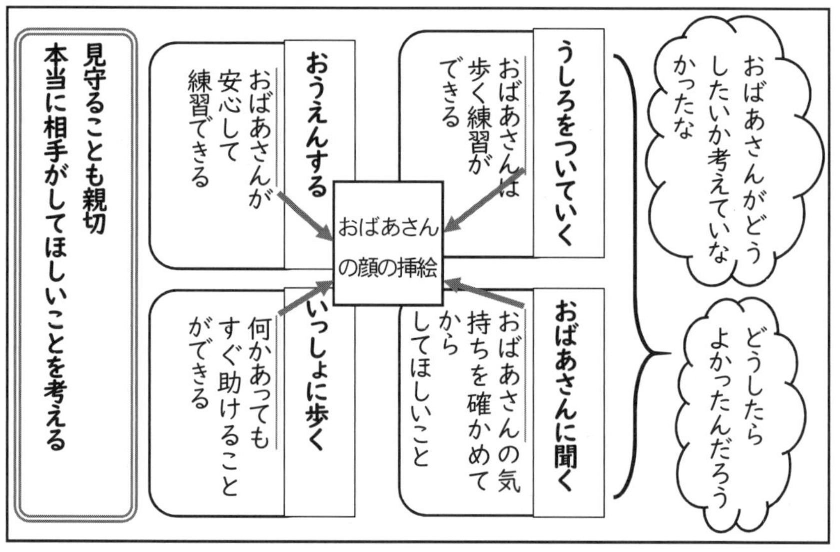

導　入

学習前に子どもたちがもっている親切についての考えを明らかにするために、事前に書いておいた「親切とはどのようなことか」についての考えを共有していきます。さまざまな考えがあるのだなと感じることができるように、多様な意見を取り上げていくようにします。

その後、教材文を範読し、場面を把握しながら内容を押さえます。子どもたちも主人公同様、親切にしようとしたのに断られたことに疑問を感じ、親切とは何かについて考えていく意欲を高めていくと考えられます。

展　開

まずは、主人公がおばあさんを助けようとした場面を取り上げ、そのときの主人公の気持ちを考えます。そのとき自分と重ねて考えられるように、主人公と同じような経験をしたことがあるかを問います。子どもたちは「どうしておばあさんは助けを断ったのか」と、主人公と同じように悩むと考えられます。

次に、母親の話を全員で読み、主人公がおばあさんのことを考え続けていたことを確認します。主人公の気持ちについて問い、「どうしたらよかったのだろう」という意見を取り上げます。

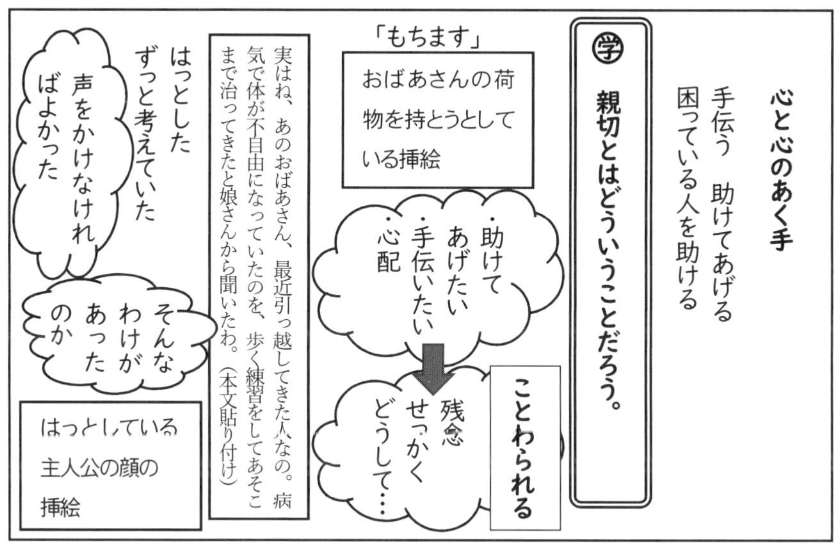

そこで、『自分だったらどうしますか』と発問します。「見守る」や「どうしたいか聞く」といった複数の行為の中から、選択させることで自分と違う考えをもつ友達の存在に気付かせ、対話への意欲を高めていきます。

考えとその理由を板書にまとめていき、表出する行為は違っても、どれもおばあさんのことを考えた行為になっていることを捉えさせ、直接的な手助けではなくとも、相手のことを考えた行為をしていれば、それは親切であるという考えを共有していきます。

終末

「親切にするとはどういうことでしょう」と問いかけ、本時を振り返り、ノートに書くよう促します。その際、本時のはじめにもっていた自分の考えと比べながら書くように助言することで、自分の考えの変化に気付くことができるようにします。

まとめを交流し、相手の気持ちを考え見守ることも親切であることを確認し、似たような経験を想起させることで、自分のよさに気付かせたり、自分も取り組みたいという意欲をもたせたりしていきます。

（滝井康隆）

高学年　ブランコ乗りとピエロ

B－（11）相互理解，寛容　　主題名：立場や考え方の違いを越えて

公立学校の先生方の声

サムとピエロ、どちらに視点を置けば考えを深めていくことができるのでしょうか。

この教材で、中心価値を多面的・多角的に理解できるようにするためには、どのような支援を行えばよいのでしょうか。

1　ねらい

演技後のサムの疲れ切った様子を見て、サムの努力と、目立ちたいという思いが自分にもあることを認めたピエロの気持ちを考えることを通して、自分と同じ思いをもっている相手のことを理解するとともに、広い心をもって受け入れ、自分と異なる意見や立場を大切にする態度を育てる。

2　あらすじ　『ブランコ乗りとピエロ』（文部科学省：『私たちの道徳　小学校5・6年』）

都にやってきたサーカスで、自分勝手な演技をするブランコ乗りのサム。その態度に古くからのスターであった私（ピエロ）や団員たちは怒りをもっていた。事前にピエロが注意したにもかかわらず、サムは国王アレキスを招く初日にも時間を延長して演技をした。閉幕後、団員の怒りにいらだつサム。その中で、演技を終えて疲れ切ったサムの様子を見ていた私は、サムの演技に対する努力や考え、立場を受け入れ、自分の思いを伝えるのである。その後、2人は互いを尊重し合い、すばらしい演技をつくり上げるのであった。

3　授業を深めるワンポイント

(1)　問題意識の高揚

学習の目当てを設定する際、全文を一読しただけでは、人間関係が十分に把握できなかったり、問題と感じる部分に違いが生じたりするため、すべての子どもたちが主体的に取り組む目当ての設定は困難です。そこで、資料を2つに区切り、事前に人間関係が分かる前半を読ませておきます。本時に、基本的な人間関係を全体で共有した際に、後半を読み、「私の心の中からなぜかサムをにくむ気持ちが、消えてしまったのだ」を提示します。それにより、前半の部分とのギャップに「なぜ？」という疑問が自然に表出されるようにします。

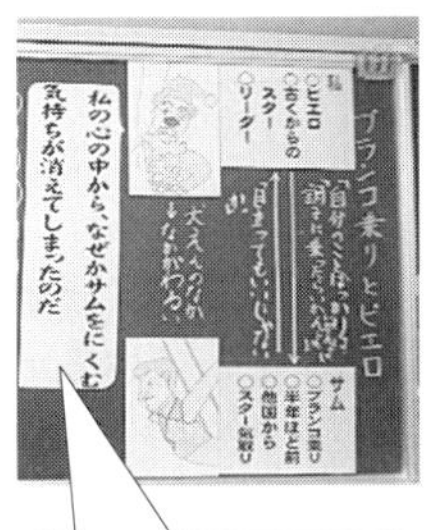

提示するピエロの台詞

(2)　多様な価値観の比較

私（ピエロ）に視点を置きます。私の中に、「私もサムのように目立ちたい」「サムも頑張っている」という2つの気持ちがあることに気付いた子どもに、そこからさらに深く考えることができるように、「どちらの気持ちがより強いのか」を問いかけます。それにより、前者だという意見と後者だという意見が、自分のより具体的な経験と関係付けられながら表出されるでしょう。そうして、多様な価値観があることを感じとるだけでなく、それらを比較して、相手を理解することの大切さを実感できるようにします。

【挙手により選択を促す】

(3)　経験の想起

問題を解決するために、資料の中のこととして捉えがちになり、子どもの道徳的心情の高まりが十分に期待できないことが考えられます。そこで、子どもたちの日常にあるお楽しみ会で友達が発表時間を延長してしまう場面をイラストで提示します。それにより、自分にもこれまでに同じような経験があったことに気付くとともに、そのような子ども自身の経験と、「私も目立ちたかった」と自分を振り返るピエロのことばをつなぎ、ピエロの謙虚な気持ちへの気付きを促します。

【経験の想起を促すイラスト】

4　本時の展開

	学習活動	○子どもの意識　・教師の支援 発問（(基)：基本発問　㊥：**中心的な発問**）
導入	①学習の目当てを設定する。 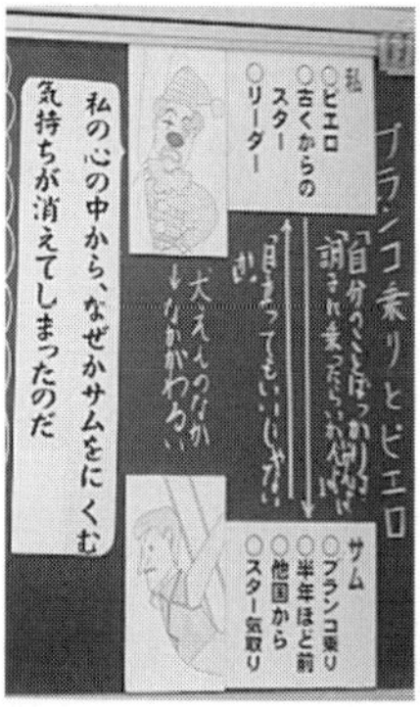	・前半部分から、私とサムの人物像と、お互いのことをどう思っているのかを確認する。 ○私は、ピエロで古くからのスターでリーダー。 ○サムはブランコ乗り。半年前に他国から来た。スター気取り。 ○サムの目立ちたい気持ちを、私は自分ばかり目立って調子に乗っていると思っている。2人は犬猿の仲のようだ。 ・サーカスが終わった後の私の台詞を提示し、子どもの疑問を取り上げ、目当ての設定につなぐ。 ○なぜ、サムを憎む気持ちが消えたのだろう。
	㊫なぜ、私の心からサムをにくむ気持ちが消えてしまったのだろう	
展開	②資料の後半を読み、自分の考えを書く。	(基)みなさんが私（ピエロ）の立場だったら、サムへの憎しみの気持ちは消えるかな。残るかな。それとも悩んでいるかな。（挙手を促す）それはなぜ。 ○僕なら憎む気持ちが残るだろう。あれほど言ったのに、また時間を奪われたから。 ○私なら、憎む気持ちは消えるだろう。観客が楽しんだらそれでいいから。 ○どっちの気持ちもあるから、悩むな。
	③サムを憎む気持ちが消えてしまった理由を話し合う。	(基)では、私からサムへの憎しみが消えてしまったのはなぜだと考えられますか。 ○サムが力一杯頑張っていると気付いたから。 ○私にも目立ちたいと思う気持ちがあることに気付いたから。

展開	④サムへの憎しみが消えてしまった私の気持ちについて話し合う。   	**㊥あなただったら、サムの頑張りと目立ちたい気持ちに気付いたことのどちらの気持ちが強いですか。** ○A：自分もしたことがあるなら、人には言い返しにくい。 ○B：お客さんのために演技を力いっぱいしていることは、自分と変わりはない。 ○C：目立ちたい気持ちはお互いさまだ。 ・考えを表出させる中で、私のいらだちが、自分の中にある目立ちたい気持ちから起こっていることに気付けるよう、構造的に板書する。 ・経験を想起できるイラストの提示により、中心価値と自分との関わりについて考えられるようにする。 ○僕もこんなことがあった。こんな時、自分も気を付けないといけないと、と思った。 ○私も約束を破られることがある。自分もそうだけど、一緒に直そうと相手に伝えるのは難しい。
終末	⑤本時の学習を基に、考えたことや感じたことを書く。	㊮他人の思いを受け入れることについて、自分が考えたことや感想を書こう。 ○自分の心にも弱い部分があるから、相手の心を分かるように努力して、相手の過ちを許せるようになりたい。 ○相手のことを許せないと思ったときに、自分のことを振り返って、同じ気持ちがないかを確かめたい。 ・本時の変容を意識できるように、②の場面と比べて気持ちが変化したかを問いかける。

評価	他人にも自分にも心に弱い部分があることに気付き、それを受け止めることが寛容な心につながることを理解し、自己の生き方の中で自分の弱さを認めて他人を許そうとする心情を高めている。【方法：記述】

5 本時の板書

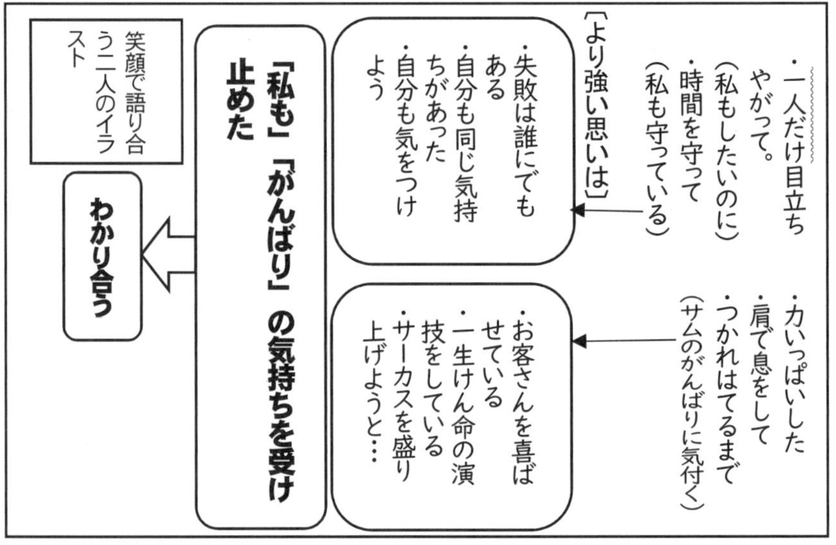

導入

教材の中の人間関係を具体的に把握した上で、主体的に解決しようと感じられる学習の目当てになるようにします。私とサムが「きらい合う関係」から「わかり合う関係」になることを捉えやすくできるように、資料を前半と後半に分けて読むタイミングを変えます。教師は、前半の内容を子どもと十分共有して「私の心の中から…」の一文を提示することで、子どもの「なぜ」を引き出します。さらに、その疑問の表出を促すことで、本時の学習の目当てを設定していきます。

展開

自分なら、サムへの憎しみが消えるかどうかを問いかけ、挙手を促すことで、「消える」「残る」「迷っている」の立場があり、その理由も多様にあることから、友達の考えを聞きたいという意欲を高めます。

次に、課題であるサムを憎む心が消えてしまったのはなぜかを問いかけます。教材の言葉から、サムの頑張りと私の中に目立ちたい気持ちがあることを読み取るでしょう。その際、『あなただったら、サムの頑張りと目立ちたい気持ちに気付いたことのどちらの気持ちが強いですか』と問いかけます。

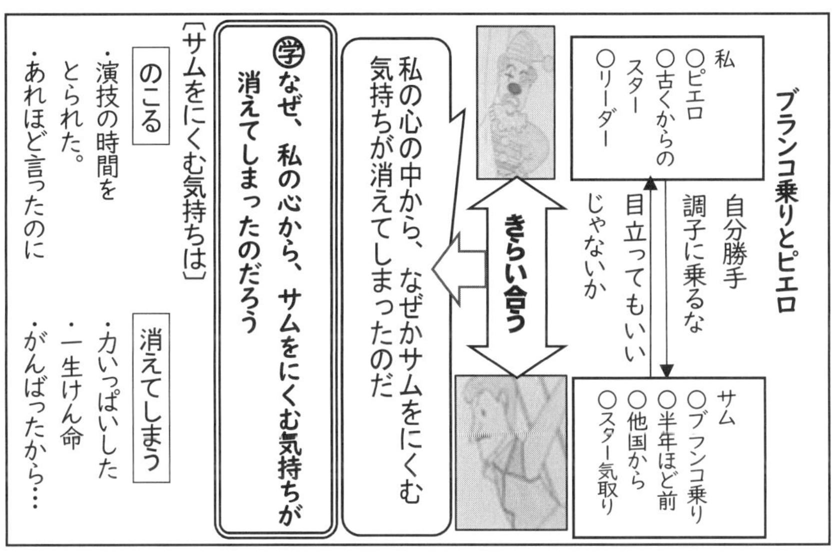

「A：自分もしたことがあるなら、人には言い返しにくい」や「B：サムはお客さんのために演技を力いっぱいしていることに変わりはない」「C：目立ちたい気持ちはお互いさまだ」などと、サムへの憎しみが消えてしまった私の気持ちについて、考えを表出させていきます。さらに、経験と関係付けて語ることができるように、「こんなことはありませんか」と、経験を想起するイラストを提示し、その時の心情を想起させ、両面の気持ちがあることへの理解をより深められるようにします。

終末

振り返りの場面では、本時の自分の心情が授業の初めからどのように変化したかを自覚することができるように、板書を指しながら「サムへの気持ちは授業の始まりと比べて、どのように変わったかな」と問いかけます。それにより、サムに否定的な意見をもっていた子どもが変化したことを意識できるようになるでしょう。またサムに肯定的な考えをもっていた子どもについても、記述内容から思いがより強化されていることを称賛することで、自分の考えを表出することのよさを意識できることでしょう。　（藤本博文）

高学年 ロレンゾの友達

B-（10）友情，信頼　主題名：真の友情とは

公立学校の先生方の声

アンドレ、サバイユ、ニコライのどの行動も友達を思ってのことなので、立場に分かれて話し合った後、どのようにまとめるか悩みました。

本当の友達とは何か、について考えを深めていくこと。表面的な答えではなく、それぞれの考えを深めていくことに難しさを感じました。

価値に関わる言葉は出てきますが、すべての子どもたちにとって深まりのある終末にするためには、どのような工夫が必要でしょうか。

1　ねらい

よりよい友達関係を築くためには、互いに尊重して関わることが大切だという理解を基に、友情を育むために大切な考えについて対話することを通して、友情、信頼の価値を多面的・多角的に理解し、良好な友達関係を築こうとする意欲を高める。

2　あらすじ　『ロレンゾの友達』（学研：『新・みんなの道徳　6年』）

アンドレ・サバイユ・ニコライの3人は、古くからの友人であるロレンゾから届いた手紙を読んでいた。「村外れのかしの木の下で再会しよう」という手紙であった。しかし三日前、ロレンゾが会社のお金を持ち逃げしたらしいと、警察がこの町の酒場にやってきて聞き込みを行っているという噂を聞いた3人は再会すべきか葛藤する。そして、結局、約束の場所にロレンゾは現れなかったのである。

最終的に、ロレンゾは罪を犯していないことがわかり、久しぶりに再会した4人は酒場で語り明かした。しかし、3人は、もしロレンゾが本当に罪を犯して帰ってきていたとしたら友人としてどうすべきだったのか改めて考え始めるのである。

3　授業を深めるワンポイント

（1）　立場を明確にした対話

「まず話を聞いてから、逃がすか自首を勧めるかを判断する（サバイユ）」を中心に、「逃がす（アンドレ）」「自首を勧める（ニコライ）」の２人の対応を板書上で対極に示します。ニコライを青色、アンドレを黄色、そして、グラデーションの中心にサバイユを緑色で位置付けた後、「自分の考えはどの考えに近いですか」と、選択を促す発問をします。このように、友達として大切にしたい考えが板書上に位置付けられた後に、あえて立場を選択するという過程を踏むことで、自分の生き方について考えを深めることができます。その際、名前磁石を板書上に位置付けさせることで、自分と友達の考えの共通点や相違点に気付くことができます。「どうして友達は、アンドレの立場に近いところに名前磁石を貼ったのだろう」という疑問が、対話の意欲につながります。

【３人の立場の違いを明確化し、選択を促す板書】

（2）　アンケートを授業に生かす

事前のアンケートは、教材の登場人物と自分自身をつなげる支援になるだけでなく、授業前と授業後の自己の変容に気付かせる支援にもなります。例えば「あなたにとって友情とは、どういうものですか」という質問に対する回答を、授業前に記述させておきます。そして、授業の終盤で「改めて、『本当の友情』とはどういうものだと思いますか」と発問することで、授業で深まった考えを表出させることができます。そして、授業前と授業後の考えを比較させることで、考えが深まったことを実感することができます。右のように、授業前の「心が通じ合う」という内容がより詳細になり、「互いに助け合い信じ合う」「悪いことも注意し合える」という新たな視点が授業の中で加わったことが読み取れます。教師はこのような成長を肯定的に受け止め、称賛していきたいですね。

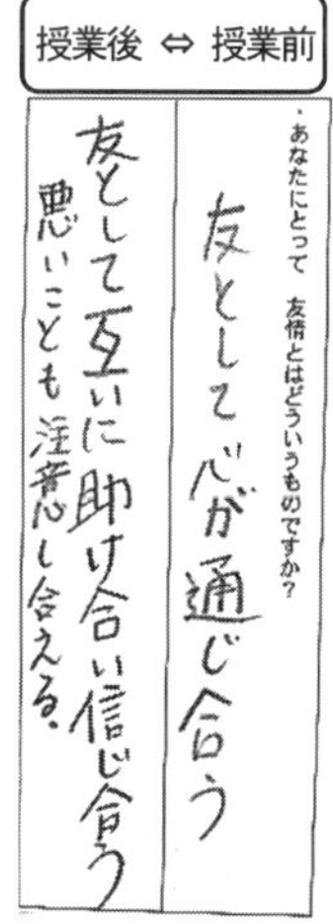

【考えの変容】

４ 本時の展開

	学習活動	○子どもの意識　・教師の支援 発問（㊍：基本発問　㊥：**中心的な発問**）
導入	①教材文を読み、学習の目当てを設定する。	・範読中、挿絵等を板書に位置づけ、時代背景や、場面の様子等が捉えられるようにする。 ○サバイユ、アンドレ、ニコライの３人は、罪を犯したかもしれない友人のロレンゾに、どのように接すればよいか、ずっと考え続けているね。 ○自分だったら、どうするだろう。
	㊫友達としてどんな考えで関わればよいのだろう	
展開	②登場人物３人の関わり方のうち、自分に近い考えを選択し、その理由を話し合う。 	・［本人に聞いてから、逃がすか自首を勧める（サバイユ）］［お金を持たせて逃がす（アンドレ）］、［自首することを勧める（ニコライ）］の３人の考えを板書に示す。３色で色分けして示し、名前磁石を貼らせる活動を行うことで、立場を選択しやすく、友達の考えとの共通点・相違点に気付きやすくする。 ㊍３人の関わり方の中で、自分の考えと近いものはどの考えですか。 ○僕は、まず話を聞いてみないと判断できないと思うから、サバイユの考えに近いよ。 ○私は、ロレンゾが警察に捕まるのは友達として悲しいから、アンドレのように逃がしたい。 ○友達としては、罪を償って欲しいと思うから、自首を勧めるニコライの考えに近いよ。 ㊍どうして、その考えを選んだのですか。 ○僕がロレンゾだったら、友達に勝手に判断されるのではなく、信頼して話を聞いて欲しいと思うからだよ。

展開	③事前アンケートを基に「本当の友情」についての考えを深める。	○でも、友達だからこそ、「ダメなことはダメ」と言える関係が大切だと思うよ。 ・「あなたにとって『友情』とはどういうものですか」という授業前に書かせておいたアンケート記述を振り返らせた上で発問する。 **㊥改めて、「本当の友情」とはどういうものだと思いますか。** ○「相手がどんな状況でも、信じて話を聞ける関係」が友情には大切だと思ったよ。 ○「お互いの考えを本音で伝え合える関係」であることが本当の友情だと思ったよ。 ・書き終えたら、事前アンケートの記述と比較させ、どのような考えが深まったのか気付けるようにする。
終末	④本時の学習を基に、自分の生き方について振り返る。	㊲友情についての考えが深まったのはどうしてですか。 ・考えが深まった理由を問い、学習の過程や協働のよさについて自覚できるようにする。 ○僕は友達が「友達だからこそ、あえて嫌なことも伝えた方が相手のためになる」という自分にはない意見を聞いたから考えが深まりました。 ㊲今日の授業を振り返りながら、「友情」に関わる自分の生き方について振り返ってみましょう。 ○友達を信頼することの大切さと難しさを感じた。 ○互いを信頼し、本音で言い合える関係にしていきたい。

評価	友達としてどのように関わるか話し合う中で、「本当の友情」について多面的・多角的に考え、これから、よりよい友情関係を築いていこうとする気持ちを高めている。 【方法：発言・様相・記述】

5 本時の板書

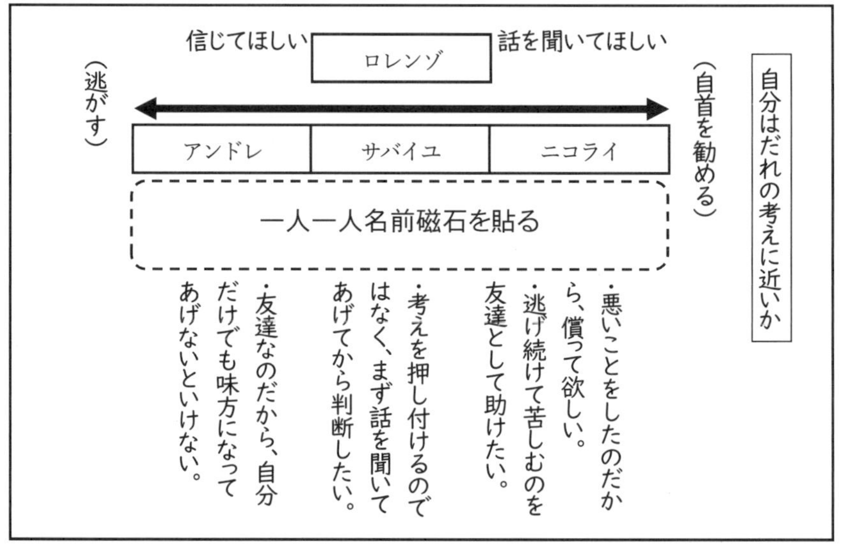

導入

『ロレンゾの友達』は、外国のお話で、時代背景も古く、子どもたち自身の生活となかなか結び付きにくい部分があります。教材に通じるような場面が日常の中にもあることを、エピソード等を用いて気付かせながら、教材とつないでいくことが大切です。

また、教材を事前読みした段階で「あなたにとって友情とはどういうものですか」と、アンケートを行い、その記述をノート等に貼っておきます。そうすることで、本時の展開で深まった考えと比較できるようになり、自己の成長に気付けるようにします。

展開

ニコライ、サバイユ、アンドレ、3人のロレンゾへの関わり方についての考えを整理した後、「3人の関わり方の中で自分の考えに近いものはどの考えですか」と問い、選択を促します。そして、板書上に自分の名前磁石を貼らせ、一人一人が誰の考えに近いのかを視覚的に捉えられるようにします。選択の違いから、「私は自首を勧めた方がいいと思ったのに、なぜ友達は逃がそうと考えたのだろう」といった疑問が生まれてくるでしょう。そこで「どうしてその考えを選んだのですか」と問い、対話を促します。

ロレンゾの友達

ロレンゾの手紙を3人で読んでいる場面の挿絵

もしロレンゾが、罪を犯して帰って来たとしたら…

かしの木の下で、ロレンゾを待っている場面の挿絵

㊫友達として
どんな考えで関わればよいのだろう

何かの間違いではないのか？ でも…

ニコライ…自首を勧める

サバイユ…自首を勧めるが
納得しないなら逃がす

アンドレ…お金を持たせて逃がす

そして、中心的な発問として『改めて「本当の友情」とはどういうものだと思いますか』と問いかけます。子どもたちは、授業前のアンケートに書いた自分の考えと今の自分の考えとを比較しながら、自分なりの友情観を表出するでしょう。

例えば「友情は仲良しであること」という見方に「友達は信頼し合える関係」「友達を信じて互いの本音も言い合える関係」というように新たな見方ができるようになっていきます。教師はそこを見逃さず称賛していくことが大切です。

終末

さらに、「友情についての考えが深まったのはどうしてですか」と問いかけます。その際、黒板を全員で見つめる時間を、少しだけでもとるとよいでしょう。子どもたちは授業を振り返りながら、よい友達の考えを聞くことで多面的・多角的に考えて見方が変わったことや、自分の経験を想起して友達として関わる時の難しさを実感したことなどを表出するでしょう。このように、子どもたちがメタ認知を働かせ、本時の学びの過程を意識した振り返りを行えるようにすることも大切です。

（山本健太）

高学年　銀のしょく台

B－(11) 相互理解，寛容　　主題名：広い心をもって

公立学校の先生方の声

「広い心」について考えを深めるために、学習の目当てをどのように設定していけばよいですか。

ミリエル司教の行いの背景にある思いなどについて迫っていくには、どのように発問を考えていけばよいか、悩みました。

自分の生き方について考えを深めるための振り返りをどうすればよいでしょうか。

1　ねらい

謙虚な心をもち、自分と異なる意見や立場を尊重することが大切であるという理解を基に、相手の過ちに対して広い心で関わるとはどういうことなのか、考えたことを伝え合う中で、相手を理解し、広い心で関わる大切さに気付かせ、自分の生活においても広い心で他者と関わろうとする実践意欲を育てる。

2　あらすじ　『銀のしょく台』（学研：『新・みんなの道徳　5年』）

パンを一つ盗もうとしたばかりに19年も刑務所に入れられていたジャン。4日前に刑務所から出たジャンは目的地を目指して歩き続けていた。ジャンは疲れ切って、宿に泊まろうと、宿屋を何軒も訪ねたがすべて断られ途方にくれていた。そんな時、ミリエル司教の家に泊めてもらうことができ、その上、温かい食事やベッドまで用意してもらった。しかし、その晩、ジャンは銀の食器を盗んで逃げ出した。ジャンが警察によって連れ戻されると、司教は、食器はあげたのだと嘘の証言をし、さらに銀のしょく台まで手渡した。その証言のおかげでジャンは警察に許された。

3　授業を深めるワンポイント

(1)　事前読みで疑問や感想を集約して、学習の目当てを設定する

心のはてな

○どうして、ジャンを泊めて食事やベッドまで用意したのか

○どうして、司教は銀の食器を盗んだジャンを許したのか。

○どうして、司教は許しただけでなく、銀のしょく台まで差し出したのか。

(感想)

・盗まれたのに、怒らずに銀のしょく台まで差し出した司教って本当にすごいと思った。

・自分だったら絶対に司教のようには、許せないと思う。

事前に教材文を読み、ノート等に疑問や感想を書かせておき、その疑問や感想を補助黒板等に集約しておきます。ジャンを許した司教の行動について疑問や感想をもつ子どもが多いと考えられます。それらの疑問や感想を導入部分で取り上げ、全体に広げることで、ジャンを許した司教はどのような思いをもっていたのかということについて考えられるようにします。

(2)　考えを心メーター上に示す

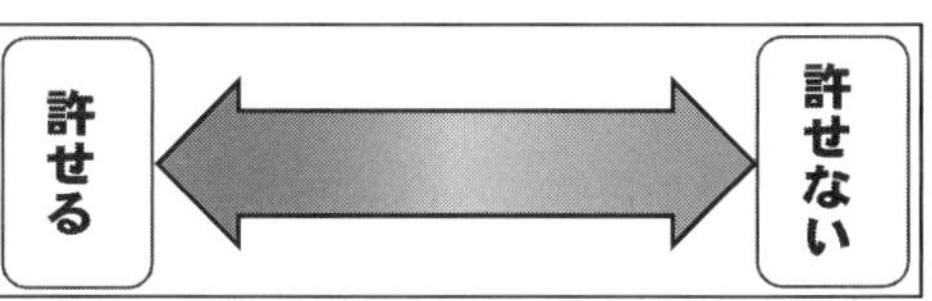

温かい食事やベッドまで用意した司教に対して、銀の食器を盗むというジャンの行動を読んだ多くの子どもが「助けてあげたのに、恩を仇で返すのはおかしい」という思いをもつと思われます。そのような思いをもつのは、「これだけ自分がしてあげたのだから、相手も恩を返してくれるもの」という自分の枠組みで事象を見ているからです。そのような自分の枠組みで判断していることに気付き、相手の思いや状況にまで目を向け、広い枠組みで関わる大切さに気付かせるために、銀の食器を盗まれた時、自分なら「許せる」か「許せない」かという「心メーター（対立軸）」を黒板に提示します。子どもたちにも同様の「心メーター」をノート等に書かせ、自分の考えの位置に丸を付けるよう指示します。自分の考えと友達の考えが視覚的に捉えられることにより、丸を付けた位置とその理由について、進んで友達と対話しようとする意欲が高まります。

4 本時の展開

	学習活動	○子どもの意識 ・教師の支援 発問(㊧:基本発問 ㊥:**中心的な発問**)
導入	①学習の目当てを設定する。	・事前に教材文を読んだ際に生まれた疑問や感想を集約し、これから考えていくことを焦点化する。 ○どうして、司教は銀の食器を盗んだジャンを許したのか。 ○どうして、司教は銀のしょく台までジャンに差し出したのか。 ○ジャンを許した司教には、どんな思いがあったのかな。
	㊫相手を許すにはどんな思いが大切なのだろう	
展開	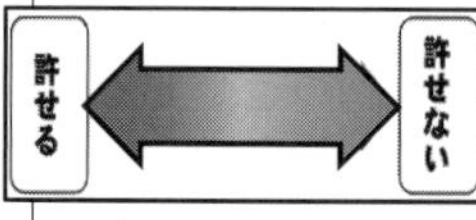 ②ジャンを許したミリエル司教の思いについて話し合う。 ③自分だったら許せるかどうかについて話し合う。	㊧自分がミリエル司教だったら、同じように許せるかな、それとも許せないかな。 ○私だったら絶対許せないと思うよ。 ○許した方がいいことは分かるけど簡単には許せないよね。 ㊧(メーター上を指しながら)どうしてこの位置にしたのかな。 ○「許せない」を選んだ子ども:だって、自分は相手を助けてあげようと思って、泊めてあげているのに、食器を盗むなんてありえないと思うよ。 ○「真ん中」を選んだ子ども:どちらかというと、許さない方がいいと思う。ここで簡単に許していたらジャンのためにもならないよ。 ○「許せる」を選んだ子ども:許してあげるかな。ジャンが盗んだのだって、安いお金で働いて、つらい期間を過ごしてきたからじゃないかな。

展開	④司教の思いを考えることを通して、広い心で相手を許すとはどういうことなのか話し合う。	**㊥（銀の食器を盗まれたのに）それでも銀のしょく台を差し出したのは司教にどんな思いがあったのかな。** ○誰でも失敗をすることはあるということを分かっておくことが大切なんじゃないかな。司教はきっとそう思っていたんだよ。 ○長い間、刑務所で苦しい生活を送っていたのだから、魔が差すことだってあると思ったんじゃないかな。相手の気持ちや状況を考えたら許そうと思うよ。 ○司教は、ジャンは根っからの悪人じゃないと信じていた。相手を信じると許そうと思うよ。 ・発表させる中で、広い心についての価値を多面的・多角的に理解できるよう、板書を構造化する。
終末	⑤本時の学習を基に、自分の生き方について振り返る。 これまでの自分は これから自分は 友達のすてきな考え	(基)今日の学習を3つの観点で振り返り、ノートに書きましょう。 ○これまでの自分は、司教とは違って、何かしてあげたら、相手も同じようにしてくれるのが当たり前だと思っていたよ。 ○これからの自分は、難しいと思うけれど、司教みたいに、相手の後ろにある思いや性格まで考えて、その人のためになることは何かを考えることを大切にしたい。 ・振り返りの3つの観点を示すことで、何について振り返るのかを明確にする。

評価	広い心で接することは、相手の立場や思いまで認めることだと理解し、広い心で他者と接することについての自分のよさや課題を実感するとともに、今後の自分の生活での行動について考えている。　【方法：発言・様相・記述】

5 本時の板書

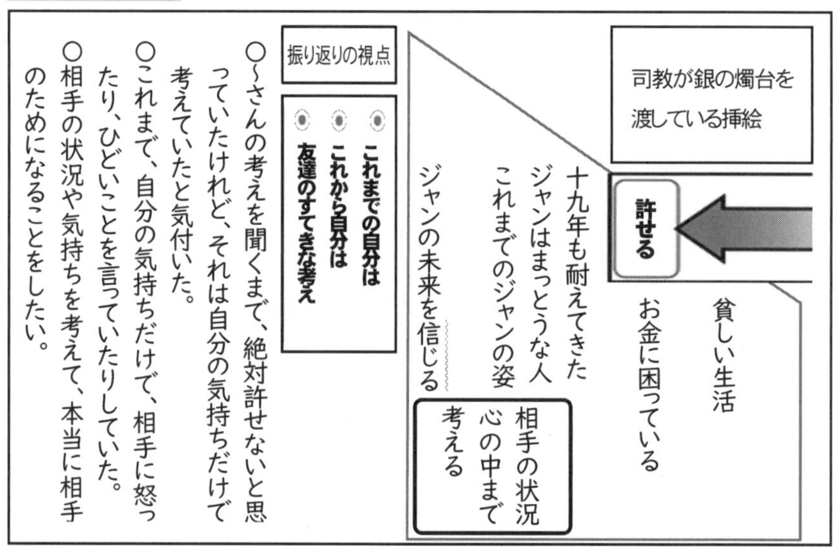

導入

事前のアンケートを基に、多くの子どもが「許すことは大切なことだ」という思いをもっていることを想起させ、教材と自分とをつなげるようにします。また、事前読みをする中で「優しく接してきたジャンに、銀の食器を盗まれたミリエル司教はどうして許せたのだろう」といった疑問が多くなると考えます。司教の思いや、銀のしょく台まで渡したことに着目した感想を取り上げ、学習の目当てを設定します。そうして主人公が直面している道徳的問題と自分自身の生活とのつながりを感じられるようにします。

展開

「自分がミリエル司教だったら同じように許せるかな」と問い、ノートに心メーターを書かせ、どのくらい許せるか、自分が考えた位置に丸を付けさせます。その際、その位置にした理由も記述させます。そして、教師が黒板の心メーターを指しながら、どの位置なのかを全体に問い、挙手させることで多様な考えがあることを視覚的に捉えさせます。そうすることで、自分と違う考えの友達に進んで理由を尋ねたり、同じ許せない(許せる)という考えでも、その理由を聞き合ったりする対話への意欲を高めます。

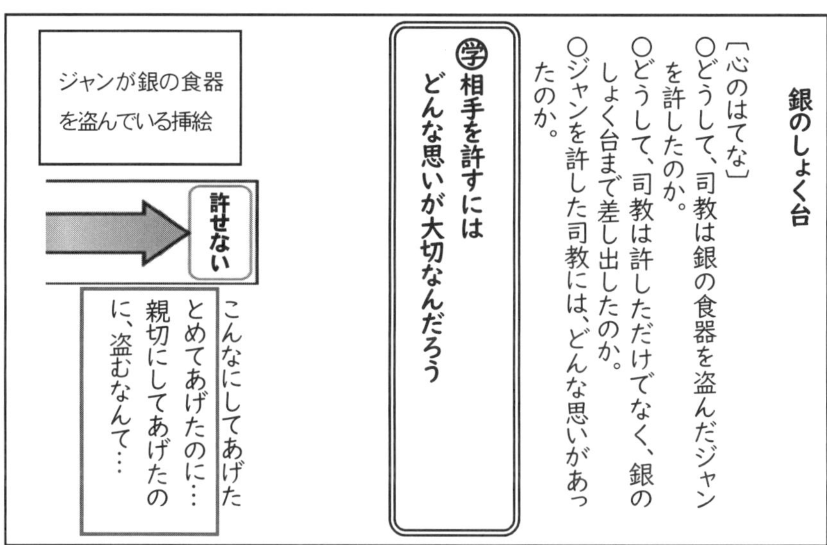

中心的な発問である『(銀の食器を盗まれたのに) それでも銀のしょく台を差し出したのは司教にどんな思いがあったのかな』と問うことで、銀のしょく台まで差し出した司教の思いを考えさせます。考えを表出させる中で、司教は、ジャンがどんな人柄で、どんな思いだったのかを考えていること、つまり「してあげたからしてくれるのが当たり前だ」という自分の見方や枠組みではなく、相手の立場や意見を理解し、さらに広い枠組みで関わっていたことを視覚的に捉えられるようにしていきます。

終末

振り返りの3つの観点、「これまでの自分」、「これからの自分」、「友達のすてきな考え」を示し、この中から考えたいものを選択して振り返る場を設定します (子どもの実態に合わせ、複数の観点で記述できる場合には記述させます)。そうすることで、自己の生き方について考えを深めていくことにつなげます。また、振り返る中で、自分の生活の中の場面とつないで考えている子どもに肯定的な声をかけることで、自分の生活とつないで考える習慣が身に付いていきます。

(西吉亮二)

高学年 道子さんに出したパス

B-（11）相互理解，寛容　　主題名：広い心で

公立学校の先生方の声

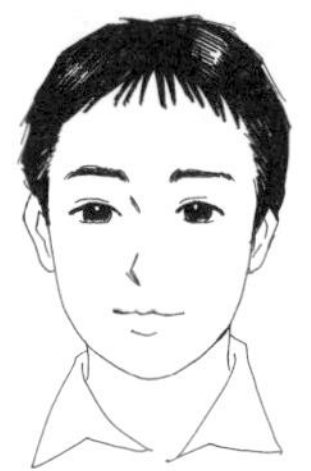

子どもたちが教材と同じように、試合に勝つために作戦を立てて練習することを経験していないと、学びが深まらないのではと考えてしまいました。

結果としてシュートを外したのだから、道子さんにパスを出す判断自体が間違っていると考える子どもがいて、どう対応したらよいか悩みました。

1 ねらい

チームの作戦が失敗したのにすっきりした気持ちになった理由や、友達とうまく関係を築くために大切なことについて話し合うことを通して、互いの意見や立場を大切にしながら、相手の気持ちを広い心で受け止め、よりよい関係を築こうとする態度を育てる。

2 あらすじ 『道子さんに出したパス』（香川県小学校道徳教育研究会：『わたしのいく道 6年』）

幸平、たかし、まさる、かおり、道子の５人はバスケットボールのクラスマッチに向けて練習していた。道子はボールの扱いが苦手だが、毎日休み時間にも練習を続けていた。チームでは、シュートの上手なたかしがゴール下に入り、得点しようという作戦を立てていた。いよいよ試合の日、幸平は得点チャンスでたかしにパスをせず、道子にパスを出すが、シュートは外れてしまう。試合途中の作戦タイムの時、たかしとかおりは作戦通りしなかった幸平に怒りをぶつけ、嫌な雰囲気になる。しかし、チームで話し合う中でそれぞれの考えを知り、みんなすっきりしてコートにかけだしていった。（106-107ページに本文）

3　授業を深めるワンポイント

(1)　経験を写真等で提示し、自分と資料をつなぐ

子どもたちが資料の内容を自分のこととして捉えていくことが大切です。そのために、自分と資料をつなげるようにします。

【これまでの経験を写真で提示】

例えば、これまでの経験を写真などで提示することで、自分たちにも同じような経験があったことを想起して、自分とつないで考えていけるようになります。本実践では、体育の時間に、チームで作戦を立ててソフトバレーボールに取り組んだときの写真とワークシートの記述を基にして、自分と資料をつなげるようにしました。

(2)　考えの異同を視覚的に示し、対話を促進する

【考えの異同をカードで明確化】

対話を進める際に、自分と友達の考えの異同が明確になることで、子どもたちは「どうしてそれを選んだのかな」「友達の考えも聞いてみたい」と対話への意欲を高めます。本実践では、みんながすっきりした気持ちになったのは、５人の登場人物のうち、だれのおかげだと思うかを選択させ、胸にカードをつけて対話しました。子どもたちは胸のカードを見て、誰を選んでいるのかを確認しながら動き、自分と同じ考えの子どもと対話して自信を高めたり、違う考えの子どもと対話して考えを広げたりしました。さらに、自分にとって、どの考えが大切だと思うかをハートの形のカードの中に塗らせました。塗る際に、より大事だと思う考えの面積が大きくなるように塗らせることで、視覚的にどの考えを大切に思っているかが捉えられます。色塗りしたカードを基にして、その色にした理由を話し合うことで、自分にとって、何が大切なのかを明確にして、互いの意見や立場を大切にしながら、よりよい関係を築こうとする意欲を高めていきます。

【ハートカードに色を塗る様子】

４　本時の展開

	学習活動	○子どもの意識　・教師の支援 発問（(基)：基本発問　㊥：**中心的な発問**）
導入	①資料を読み、学習の目当てを設定する。 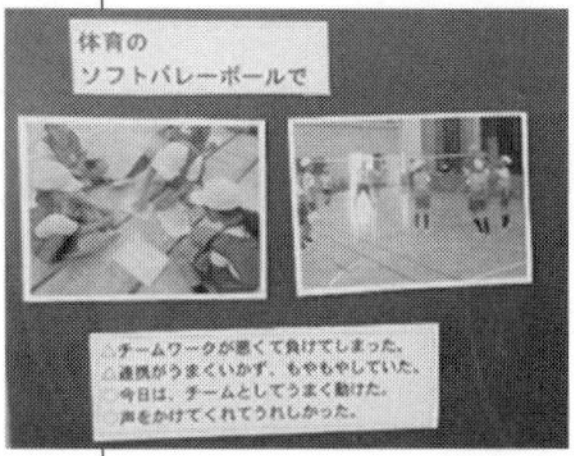	・登場人物が多いため、絵とことばをつないで視覚的に関係性がつかめるようにする。 ○初めはたかしとかおりは作戦が失敗して怒っているね。 ○最後にはすっきりした気持ちになっているね。どうしてかな。 ○僕たちにも、こういう経験があったね。 ・チームで協力して取り組んだときの写真及び振り返りを提示し、教材と実生活をつなげる。
	㊫どうして作戦が失敗したのに、すっきりした気持ちになったのだろう	
展開	②気持ちがすっきりしたのは誰のおかげかを選択し、その理由を話し合う。	(基)チームのみんなの気持ちがすっきりしたのは誰のおかげだと思いますか。 ○かおりは「確かに…」とあるから、相手の意見を受け入れようと思っているね。その態度がすっきりした気持ちにつながったよ。 ○たかしは途中で「ぼくがシュートしても…」と言っているね。　自分も外すときはあるよと思っていると思うよ。 ○幸平は自分の気持ちが言えて、受け入れてもらえたからすっきりできたんだ。 ・選んだ人物の思いから出てきた価値を、板書上に位置付けておく。 ・再度、補助黒板上の写真を指し示しながら、経験を想起させ、自分とつないで考えられるようにする。

展開	③友達とうまく関係を築いていくために大切な考えについて話し合う。	**㊥（板書を指しながら）みんながすっきりした気持ちになるためには、自分にとって、どの考えが大切だと思いますか。** ・大切だと思った考えを、ハートカードに色分けすることで順序づけさせ、その理由を話し合わせる。 ○どの考えも大切だけれど、相手の意見を受け入れることが大切だよ。相手がどんなことを思っていたのかよく考えると、接し方が変わるよ。 ○誰でも失敗はあると考えたら、相手の失敗も許せそうだよ。 ○相手の言うことも聞くけど、自分の考えを分かってもらえるように伝えることも大切だよ。 ・対話後に、再度順序づけする活動を取り入れる。そして、考えの変化等を基に全体対話を行い、自分の価値観を明確にさせる。
終末	④本時の振り返りをする。	(基)今までの自分について振り返り、これからの生き方について考えたことを書きましょう。 ○今までの自分はあまり相手の意見を受け入れようとできていなかったな。相手の考えをよく聞いて否定しないようにしよう。 ○相手を責めてしまっていたな。 自分もできないときがある、失敗するときもあると考えて、相手を責めないようにしたいよ。 ・「今まで」「これから」の観点を示し、選択して記述できるようにする。

評価	友達とうまく関係を築くために大切なことを話し合うことを通して、異なる意見や立場を受けとめ、広い心で過ちを許すことが大切であるという理解を基に、自己の生き方を考えている。 【方法：発言・様相・記述】

5　本時の板書

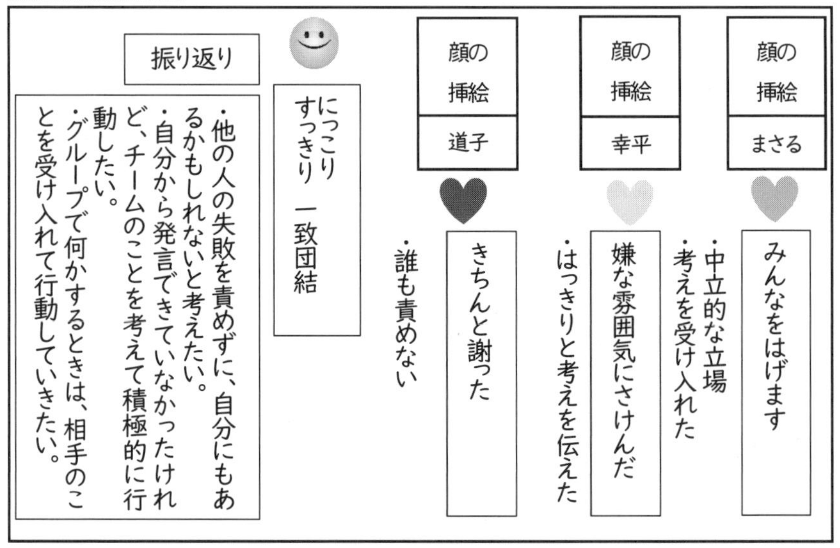

導入

教材を読み、話の内容を捉えやすいように、図などを用いて関係性や教材内で起こったことを視覚的に板書にまとめます。そして、登場人物の気持ちの変化に着目させ、学習の目当てを設定します。

資料の内容と、自分の経験をつないで考えられるようにします。体育の際にチームで作戦を立ててゲームに取り組んだことや、そのときにうまくいったこと、いかなかったことについての感想をまとめたものを提示します。

それを共有することで、課題意識をもって学習に取り組めるようにします。

展開

「チームのみんなの気持ちがすっきりしたのは誰のおかげだと思いますか」と問いかけます。子どもたちは5人の登場人物の中から選択して、理由を書き、話し合っていきます。交流の前にはどの人物だと思ったかを問いかけ挙手させることで、自分と友達の考えの違いに気付き、理由を聞きたいという意欲を高められるようにします。そして、全体対話の中で、そう考えた理由を板書していきます。

次に、板書を指しながら『みんながすっきりした気持ちになるためには、自分にとって、どの考えが大切だと思

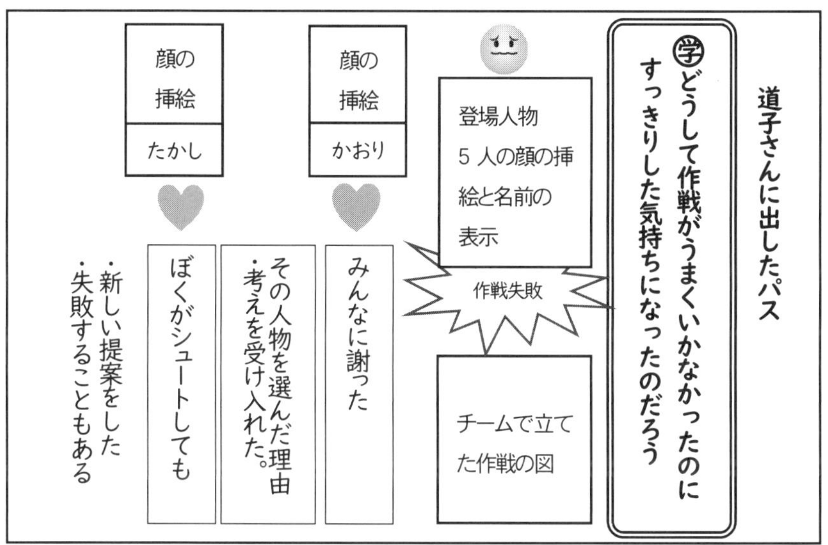

いますか』と問いかけます。子どもたちは、ハートカードに自分が大切だと思ったものを色分けし、塗った大きさで大切さを表現していきます。

そして、どうしてその塗り分けにしたのか、その理由を友達と話し合っていきます。その際、自分の普段の行動とつないでいる子どもの考えを価値付けていくようにします。

対話後には、再度順序づけし、カードを塗る活動を取り入れることで、自分の考えの変容に気付かせるとともに、自分が大切にしたいことをより明確にさせます。

終末

「今まで」「これから」という振り返りの観点を示すことで、今までの自分と、本時学んだことをつなぎながら、自己の生き方について振り返ることができるようにします。

ノートに振り返りを記述し、全体で交流していきます。その際、今までもできていたという自分のよさも価値付けるように助言していきます。

全体交流では、友達の考えや意見を受け入れたいという思いや、広い心で過ちを許すことの大切さについて全体で確認していきます。

（竹森大介）

道子さんに出したパス

（一）

六年生の各クラスはバスケットボールのクラスマッチに向かって一生けん命だ。幸平のチームは、たかし、まさる、道子、かおりの５人である。リーダーはまさるに決まった。

たかしとかおりは動きが素早く、シュートが上手である。道子はボールのあつかいが苦手なようで、パスを送っても後ろにそらすことが多かった。チームのみんなは、最初（道子さん、だいじょうぶかな。）と思っていた。しかし、毎日、始業前や休み時間にも真剣に練習している道子の姿を見て、みんなもそのがん張りをしだいに認め始めていた。

試合形式の練習の後、チームで作戦を立てることになった。

みんなで輪になると、さっそくかおりが口火をきった。

「パスがつながらないので、得点に結びつかないわ。だれか１人がゴール下近くに上がって、シュートをする。他の４人はパスとドリブルをつないでいくという作戦はどうかしら。」

と言うと、道子はすぐに賛成した。

続いてまさるが、

「ぼくは背が高いから、相手のパスやリバウンドを取るよ。シュートの上手なたかし君がゴール下に入るといいと思うよ。」

と言うと、たかしは不満そうにつぶやいた。

「ぼくは自由にボールを取って、相手をドリブルでぬいてシュートを決めたいんだ。」

「自分のことだけ考えないでよ。チームが勝つための作戦を立てているのよ。」

とたかしに向かって、かおりは言い返した。

その様子を見て、幸平はたかしの肩に手をかけて言った。

「たかし君はロングパスも確実にキャッチできるじゃないか。君のこと、たよりにしているよ。」

チームのみんなのはげましにたかしもやる気を取りもどし、幸平たちはクラスマッチに向けて「ゴール下作戦」の練習にはげんでいった。

（二）

とうとう、クラスマッチ当日になった。Ａチームから試合が始まり、幸平たちＣチームは三試合目だ。試合は前半と後半があり、その間作戦タイムが入る。いよいよＣチームの前半の試合が始まった。作戦がうまくいき、何度か得点をした。しかし、試合は10対８で幸平たちのチームは負けている。いよいよ前半戦も残り少なくなったときのことだ。

幸平は、コートの中央付近で相手のボールをパスカットしてうばいとった。すぐにドリブルでかわし、相手コートにいるたかしにパスをしようと思った。その時、走ってきた道子さんが目に入った。(道子さんはノーマークだ。)

「道子さん、シュート。」

ぼくは、体の向きを変えて道子さんにパスを出した。

道子さんはぼくのパスをうまくキャッチし、ねらいを定めてシュートした。ボールがリングの真上に向かって伸びて(よし、入るぞ。)

ところが、ボールは無情にもリングに当たってはね返り、力なく床に落ちていった。

ピイー。そこで前半終了の笛がなった。

(三)

作戦タイムのとき、たかしとかおりが幸平に怒りをぶつけてきた。

「どうして、あのとき作戦通りにぼくにパスを投げてくれなかったんだい。」

「たかし君ならシュートが入っていたわ。道子さんにパスした幸平君が悪いと思うわ。あんなに練習したのに……。」

チーム全員がおしいところで負けてしまったくやしさを感じていた。

「失敗してごめんね。わたしのせいで……。」

道子の落ち込んだ様子に、みんな何も言えなくなってだまってしまった。

「あのとき、チームのことを考えて、道子さんにパスを出したんだ。」

いやなふんいきにたまらなくなった幸平がさけんだ。

それを聞いて、まさるが言った。

「たかし君もかおりさんも相手のガードがかたかったから、一番、道子さんにパスしやすかったよ。それに、試合中、道子さんは相手のいないところを見つけてよく動いていたしね。さっきのシュートも難しい位置からだったけど、あと少しだったじゃないか。」

「確かにおしかったわね。ついくやしくて、言い過ぎてしまってごめんね。」

かおりがあやまると、たかしがきまりわるそうにつぶやいた。

「ぼくがシュートしても入らなかったかもしれないよ。べつにこの作戦でいかなくてもいいじゃないか……。」

すると、まさるが、

「そんなことないさ。基本的にはたかし君につないでいこうよ。でも、時と場合によっては変わることもあるよ。」

とたかしをはげますように声をかけた。

「まさる君の言う通りだ。たかし君のシュート力を生かすことがチームにとって、一番良い作戦だ。」

幸平もすっきりした気持ちでみんなによびかけた。

「やっぱりこの作戦を守ろう。みんなもたかし君がシュートできるように、一人一人が役割を考えていこう。」

まさるの言葉にみんなが、大きくうなずいてコートにかけだした。

「道徳６年　わたしのいく道」(香川県小学校道徳教育研究会)

高学年　のりづけされた詩

A－(2) 正直，誠実　　主題名：自分の心に誠実に

公立学校の先生方の声

自分が和枝さんならどうするかを問いかけた時、「言わない」「言えない」という意見が出にくく、深まらなかったように感じました。

教材と自分自身のつながりを意識させるのは、導入・展開・終末のどの場がよいのでしょうか。

1　ねらい

和枝が正直に打ち明けられた時の気持ちを考えるとともに、誠実に行動しようとする際に必要な気持ちについて対話することを通して、正直、誠実の価値を多面的・多角的に理解し、誠実に、明るい心で生活しようとする道徳的実践意欲と態度を養う。

2　あらすじ　『のりづけされた詩』（学研：『新・みんなの道徳　6年』）

学級文集をつくることになり、詩をつくることが得意な和枝は、仲良しの光子と詩をのせる約束をした。なかなか詩が思いつかず、不安になった和枝は、自分が書こうとしている内容にぴったり合う詩を見つけ、焦りからその詩の一部を写してしまう。友達の光子からその詩を褒められ、和枝は胸がしめつけられる思いをし、悩む。その後、和枝は先生に打ち明け、先生と共に完成した文集に１枚１枚自分のつくり直した詩をのりづけしていった。

3　授業を深めるワンポイント

（1）　振り返りの観点を明示

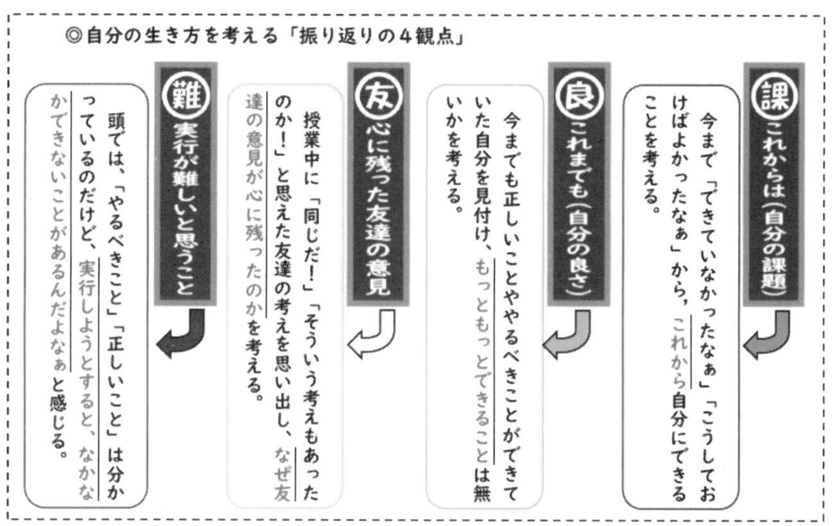

「振り返りをノートに書きましょう」と教師が指示をしただけでは、何を記述したらよいか分からず、困ってしまう子どももいるでしょう。そこで、上記の４つの観点（他にも実態に応じて観点は考えられます）を示すことで、どのような観点から学習を振り返ればよいかが分かり、自己の生き方について振り返りやすくなります。

（2）　鉛筆対話（筆談）を用いる

自分の考えを友達に伝える際に、話すことが苦手な子どもがいる場合は、筆談による対話も考えられます。考えたことをすべて記述するのではなく、キーワードにして伝えることでテンポよく意見交換をすることができます。また、互いの用紙を交換しながら、質問することに焦点を当てた筆談を行うことで、待つ時間を削減し、互いの考えを引き出す対話となります。自分とは違う考えに触れる機会を保障することで他者理解を深め、そこからさらに自己の生き方について考えを深められる対話を目指したいものです。和枝が正直に打ち明けられた時の気持ちを考えるとともに、誠実に行動しようとする際に必要な気持ちについて対話することを通して、正直、誠実の価値を多面的・多角的に理解し、誠実に、明るい心で生活しようとする意欲を高めていきます。

4 本時の展開

	学習活動	○子どもの意識 ・教師の支援 発問（㊮：基本発問 ㊥：**中心的な発問**）
導入	①学習の目当てを設定する。 **もやもや経験** 悪いことをしてしまった時に，正直に言い出せなかった。18人 自分がやったのに，人のせいにしてしまった。6人 勉強が終わっていないのに，終わったと言ってしまった。2人 自分が行きたいところがあるのに，正直に言えなかった。1人 自分は悪くないのに，責められたことを言い返せなかった。1人	・アンケート「正直に言えずにもやもやしたことはありますか」の結果を提示し、教材と実生活をつなげる。 ○私も和枝さんのように、正直に言い出せなくて悩んだ経験があるよ。 ○和枝さんが正直に打ち明けて、誠実に行動したことはすごいことだね。 ○どんな気持ちがあれば、誠実に生きることができるのだろう。
㊫どんな気持ちがあれば、正直・誠実に生きることができるのだろう		
展開	②正直に言い出せない時の和枝の気持ちを考える。	㊮和枝さんは、どうしてすぐに打ち明けることができなかったのだろう。 ○嘘をついたことがばれたら、友達から嫌われると思ったのかな。 ○他の人の詩を使ってしまったのに、友達から褒められているから、なかなか言い出せないよね。
	③和枝が誠実に行動した時の気持ちについて話し合う。	㊮和枝が打ち明けられたのは、どのような気持ちからだろう。 ○友達や先生にいつかばれるのではないかと心配だから。 ○このまま卒業したら、ずっと後悔するから。 ○自分のつくった詩を気持ちよく掲載したい。
	④誠実に行動するために大切なことについて話し合う。	㊥**誠実に行動するためには、どんな気持ちが大切だと思いますか。** ○A：嘘をついたままで、友達を裏切りたくない。嘘がばれて、信頼を失いたくない。（信頼）

<table>
<tr><td>展開</td><td></td><td>○B：自分の力で書いていない詩を、友達に褒められても嬉しくない。（誇り）
○C：詩を変えずに卒業したら、心が晴れないままだから、自分の嘘を素直に正したい。（素直）
・考えを表出させる中で、誠実についての価値を多面的・多角的に理解できるよう、板書を構造化する。
㊏どの考えが、一番自分の考えに近いですか。
・選択を促す発問によって、再度、中心価値と自分との関わりについて深く考えられるようにする。
○僕はCの素直さかな。後悔したまま生き続けることは苦しいし、前向きに生きていきたいからだよ。
○私はAの信頼を大切にするよ。自分に正直な私を、必ず友達が認めてくれていて、信頼が高まってくると思うからだよ。</td></tr>
<tr><td>終末</td><td>⑤本時の学習を基に、自分の生き方について振り返る。
⑴振り返りを記述する。
⑵ペアで振り返りを読み合い、称賛し合う。</td><td>㊏誠実な生き方について考えてきましたね。今までの自分について振り返り、これからの生き方について考えたことを書きましょう。
○今までも正直にできていたと思うよ。でも、人間だから、自分の失敗を認めることが難しいと感じる時もあるけれど、乗り越えたい。
○■■さんが言ったように、自分の嘘が友達にばれた時、気まずくなったことがあったよ。認めてもらえるように行動していきたいな。
・4つの観点を示すことで、振り返りを書くのが苦手な子どもが選択して記述できるようにする。</td></tr>
</table>

評価	誠実に行動できた主人公の思いを考え、誠実に行動するために大切な気持ちを話し合うことを通して、誠実な行動が、信頼や自己の向上につながるという理解を基に自己の生き方を考えている。　【方法：発言・様相・記述】

5　本時の板書

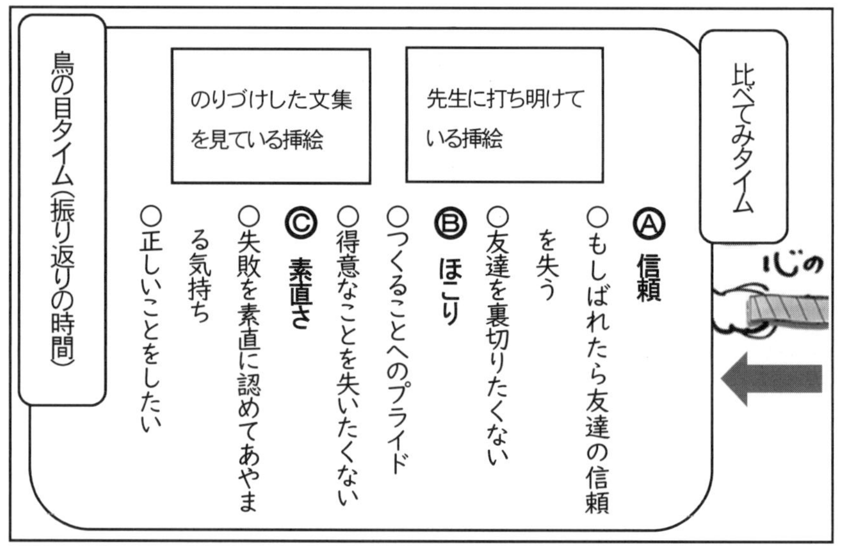

導入

主人公が直面している道徳的問題と自分自身の生活とのつながりを感じられるようにします。「正直に言い出せなかった経験」や「正直に打ち明けてよかった経験」について、事前のアンケート等を基にして共有することで、課題意識をもって学習に取り組めるようにすることが大切です。

また、教材を事前に読ませて、子どもたちが自分の考えたいことをノートに書いておくようにします。教師はそれらを事前に把握し、補助黒板に書いておくなどして、本時の学習の目当てへとつなぎます。

展開

「和枝さんは、どうしてすぐに打ち明けることができなかったのだろう」と投げかけます。誰もが、かっこいい詩をつくらなければと思いながらも思いつかずに不安感が高まることや、偽りの自分を友達に褒められれば褒められるほど、さらに罪悪感が強くなること等を実感することでしょう。

次に、打ち明けられた時の和枝の気持ちを考えさせ、さらに『誠実に行動するためには、どんな気持ちが必要だと思いますか』と投げかけます。「A：友達の信頼を裏切りたくないという気持ち」や、「B：自分に嘘をつきたくな

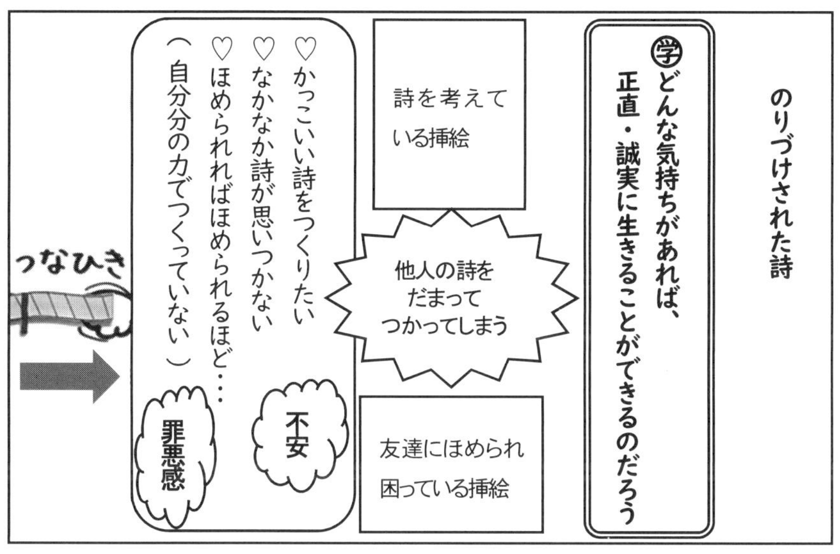

い気持ち」、「C：素直に失敗を認める気持ち」などと、不安感や罪悪感に打ち勝つための様々な考えを表出させていきます。そして、「どの考えが、一番自分の考えに近いですか」と選択を促す発問を行うことで、友達との考えの違いに気付かせ、選択の理由を聞きたいという対話の意欲を高めていきます。その際、理由が十分に表出できていない子どもには、「どうしてそう考えたのかな」などと問い返し、その言葉の背景にある思いに迫れるようにします。

終末

振り返りの観点を示すことで、自己の生き方について振り返りやすくします。特に、きれいごとで授業が終わらないように、「分かっているけれどなかなかできない」といった実行する難しさを表出させて、人間理解をさらに深められるようにすることも大切です。子どもたちが前向きによりよく生きていこうとしていることを肯定的に受け止め、認め、励ます教師の姿勢が大切です。

（山本健太）

高学年　友香のために　モラルジレンマ教材

B-（10）友情，信頼・C-（12）規則の尊重　　主題名：友達の思いについて考える

モラルジレンマ授業とは

これからの子どもたちは、より変化し、不確実で複雑、曖昧な世界の中を生きていかなければなりません。通信技術の発達は多様な人々とのつながりを容易にし、多様な価値観に触れる機会はさらに増えていくことでしょう。そのような世界においては、常にただ一つの正解が存在するわけではありません。何が正しくて、何が善いのか、「考え、議論する道徳」が求められています。

荒木紀幸氏らは、コールバーグの道徳性発達理論に基づく「モラルジレンマ授業」を提唱しています（2017)。モラルジレンマ授業では、道徳的に見て正しさの判断が極めて曖昧で、どちらも正しいと認められる道徳的価値選択の岐路に立たせる教材（モラルジレンマ教材）を扱います。授業は１主題２時間を基本とし、主人公はどうすべきかをその理由とともに回答させます。価値を押し付けることなく、子どもたちの最終的な判断とその理由付けを保障し、オープンエンドで終わるという特徴をもっています。

１　ねらい

小学校高学年になると、登下校時や家庭でスマートフォンを利用している子どもも少なくない。この教材では、「友情，信頼」と「規則の尊重」との葛藤を中心に、「節度，節制」「誠実」「思いやり」などの間で起こる道徳的な価値葛藤の解決に向けて考えを深めていけるようにすることがねらいである。

２　あらすじ　『友香のために』（明治図書：『小学校新モラルジレンマ教材と授業展開』）

主人公の幸子はスマートフォンを持っており、友人の友香は持っていない。幸子が通うスイミングスクールに通えることになった友香のために、幸子は、隣の小学校からスイミングスクールに来ている夏美たちに、事前に通信アプリを使って友香のことを伝えてあげようとする。それを聞いた母親の言った「友香ちゃんは本当に喜んでくれるかしら…。」の一言で、幸子は通信アプリの画面を見つめ葛藤する。

3　授業を行う上での留意点

（1）　１主題２時間の展開例（１時間目の授業）

	学習活動・発問（◎）	指導上の留意点
展開 15分	・教材を読み、主人公のおかれた状況を整理する	・場面絵を提示する ・教材の立ち止まり読みを行う
展開 25分	◎通信アプリを知っていますか ◎なぜ幸子は通信アプリで伝えようとしたのでしょうか ◎母親は、なぜ通信アプリで伝えることに納得できないのでしょうか	・スマートフォンの所持率や使用状況を把握しておく ・幸子と友香の関係を確認する ・母親のことばを聞いた幸子の迷いを確認する
終末 5分	・主人公はどうすべきかを判断させる ◎幸子は、どうすべきでしょうか。	・１回目の判断と理由付けを記入させ、集める

事前に教材を読ませておけば、0.5時間で行うことができます。主人公の立場になって、主人公がどうすべきかを考え、その理由を下のカードに記入させます。

送信すべき	送信すべきでない
そう考えた理由を書きましょう。	

（2）　道徳性の発達を促すために

議論して相手を打ち負かすことが目的ではありません。相互の判断と理由について話し合う中で、道徳性の発達を促すことが大切です。そのためには、「母親に叱られたくないから送信すべきでない」「友香に嫌われたくないから送信すべき」といった理由付けから、「友香に喜んでもらいたいから送信すべき」「友香が傷ついてはいけないから送信すべきでない」といった理由付けや、「もし自分が送信してくれたらうれしいから送信すべき（されたら嫌だから送信すべきでない）」といった理由付けへの変化（１時間目から２時間目の変化）に着目します。主人公の立場で考えられるように、動作化や役割演技などを取り入れるとよいでしょう。

4 本時の展開（第2時間目）

	学習活動	○子どもの意識 ・教師の支援 発問（㊮：基本発問 ㊥：**中心的な発問**）
導入	①状況を再確認し、道徳的葛藤を明確にする。	・スマートフォンを利用する際のルールやネットの危険性、友香に頼まれたという事実などを確認する。 ㊮幸子は、なぜ迷っているのですか。 ○友香との約束を守らなければいけないけれど、お母さんの言うことも気になるから。 ○送信することが友香のためになるのかどうか分からなくなってきたよ。
	㊫幸子は どうすべきでしょうか	
展開	②第1時間目に出た理由付けに対し、自分の考えを書く。 ③第1時間目に出た理由付けに対し、賛成、反対意見を発表する。	・第1時間目に出された理由を、黒板に掲示し、討論の準備を行う。 ・発言が苦手な子どもが意見を書けるように、声をかける。 ㊥**幸子はどうすべきでしょうか。賛成、反対意見を自由に言いましょう。** ・同じ部分についての意見を発表させ、話し合う視点が拡散しないようにする。 ・対立点を明確にするために、黒板の意見を矢印で結ぶなどする。 ○送信すると、夏美たち以外にも広がって友香が傷つくかもしれない。 ○友香は通信アプリを使うとは思っていないかもしれないから、確かめた方がよい。 ○夏美たちに伝えておくことは友香も楽しみにしているはずだし、通信アプリを使っても友香は分かってくれると思う。

展開	④論点を絞り、さらに意見を出し合う。 	・主張と矛盾することを突き付ける発問や、主人公の立場で問題を見つめ直せるようにする発問、もし～だったらと結果を類推する発問などを行う。 ・討論の流れに沿って、下のような発問を適宜行う。 ◎スマートフォンを持っていない友香は、幸子に何を期待しているのでしょうか。そういう友香のことを考えるとどうでしょうか。 ◎友香に頼まれているし、送る相手も夏美やその友達だけでも、送信してはいけないのかな。 ◎送信すべきという人に聞きます。確かに友香に頼まれたことだけれど、事前に伝えておかないと友香には友達ができないのかな。 ◎送信すべきでないという人に聞きます。ルールを守って、友香のためにもなるのなら、本当に送信してはだめなのかな。 ◎もしこのまま送信しなければ、月曜日に学校で知った友香は、どんな気持ちになるだろうか。この後の２人の関係に影響はないかな。
終末	⑤主人公はどうすべきかを再度判断し、理由付けを書く。	**㊥幸子はどうすべきでしょうか。** ・黒板を眺めるように指示し、納得できる意見を取り入れるように促す。 ○やはり送信すべきだと思うよ。理由は・・・。 ○最初は送信すべきだと考えていたけれど、■■さんの・・・という考えを聞いて、送信すべきでないという考えに変わったよ。

評価	道徳的葛藤に直面した主人公の思いを考え、送信すべきかどうかについて話し合い、自分とは異なる立場の意見も共感的に聞き入れながら、自分の生き方について考えを深めている。　【方法：発言・様相・カードへの記述】

5　本時の板書

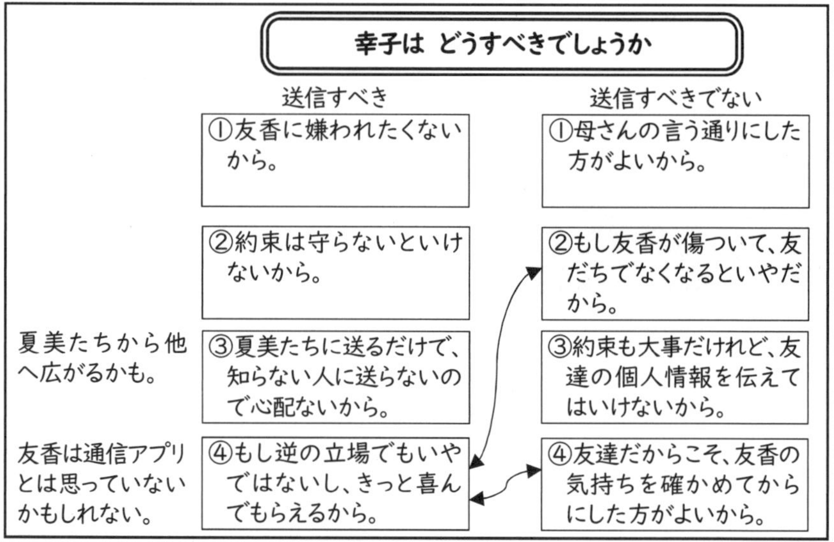

導入

前時（第1時間目）に用いた場面絵などを貼りながら、状況を再確認します。前時に場面絵を貼る際、補助黒板を用いて状況を整理し、保存しておくと、本時で再び貼り直す必要が無く簡単に振り返ることができます。

また、前時から時間がたっている場合、事前に教材文を読ませておくのもよいでしょう。

「幸子は、なぜ迷っているのですか」と問いかけることで、主人公が直面している道徳的葛藤を明確にします。

展開

前時に子どもたちから出された判断の理由付けを、カードなどにして黒板に貼ります。上の黒板と同じように理由をまとめたワークシートを子どもたちの手元にも準備します。それらの理由に対して賛成や反対意見を書くように指示し、討論の準備を行います。

『幸子はどうすべきでしょうか。賛成、反対意見を自由に言いましょう』と投げかけます。黒板のどのカードに対する意見なのかを明確にし、討論が拡散しないように同じカードについての意見を発表するように促します。カード同士を矢印で結ぶなどすると対

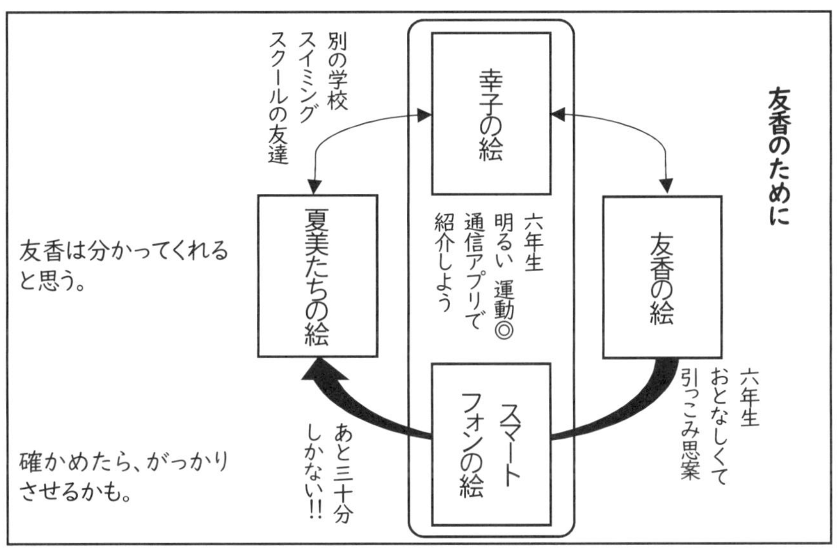

立点が明確になるでしょう。

教師は、討論の流れに沿って、主張と矛盾することを突き付けたり、主人公の立場で問題を見つめ直すように促したりします。例えば、「友香に頼まれているし、送る相手も夏美やその友達だけでも、送信してはいけないのかな」「送信すべきという人に聞きます。事前に伝えておかないと友香には友達ができないのかな」などと発問します。そうしてさらに討論を続け、子どもたちは自分の考えを確かなものにしていきます。

終　末

『幸子はどうすべきでしょうか』と再び問います。黒板を眺めるように指示し、納得できる意見を取り入れながら、再度判断して理由付けを書かせます。判断が変わっても変わらなくても、その理由付けがどのように変容したのかを見取ります。

授業後に正解をたずねてくる子どももいますが、どちらが正解ということではなく、自分がどのような理由でそう判断したのかが大切なのだと伝えるとよいでしょう。教師も子どもたちと共に、考え続ける道徳科の授業でありたいものです。　（清水顕人）

おわりに

GIGAスクール構想により、1人1台の端末が整備され、新たな環境は、新たな学びを実現しようとしています。学校現場は、まさに大きな転換点にあると言ってよいでしょう。そのような中、令和3年1月、中央教育審議会より「『令和の日本型学校教育』の構築を目指して～全ての子供たちの可能性を引き出す、個別最適な学びと、協働的な学びの実現～（答申）」が出されました。その中では、以下のことを目指して、新学習指導要領の着実な実施による資質・能力の育成を求めています。

一人一人の児童生徒が、自分のよさや可能性を認識するとともに、あらゆる他者を価値のある存在として尊重し、多様な人々と協働しながら様々な社会的変化を乗り越え、豊かな人生を切り拓き、持続可能な社会の創り手となること

このことは、自己を見つめ、物事を広い視野から多面的・多角的に考え、人間としての生き方についての考えを深める道徳科の学習と重なります。予測困難で不確実、複雑で曖昧な時代だからこそ、自己をしっかりと見つめてよさや可能性を認識し、他者の考えに耳を傾けつつ自らの考えを主張し、共に納得解や最適解を見出し、社会を変革していく力を発揮することが求められています。新しい技術に振り回されることなく、新しい技術を生かしながら、道徳科で大切にしていることを授業の中で実現したいものです。

本書では、若手の先生方やこれから教師を目指す学生の皆さんが、道徳科の授業づくりの基礎・基本を確認し、特別な機器や環境がなくても実践できるような事例を紹介しました。これらの事例の多くは、香川大学教育学部附属坂出小学校の全教員で事前検討を行い、よりよい道徳科の授業を目指してチームとして練り上げた実践です。だからこそ、本書を読み終えた後、「私だったらこの発問を変えて・・・」「私はここでタブレットを活用して・・・」と、それぞれのアイデアで改善して実践したり、別の教材に応用したりしていただければ幸いです。なぜなら、実践事例の改善すべき点や足りない部分に対して新たな提案をいただけることは、チームにとって何よりの喜びであるからです。

最後に、本書の刊行にあたり、監修、執筆をいただいた各先生方、教材に対する声をくださった公立学校の先生方に感謝いたします。また、香川大学教育学部学術基金より出版助成金をいただいたことを記し、感謝の意を表します。

清水　顕人

【引用・参考文献】

- 会沢信彦・岩井俊憲（2014）『今日から始める学級担任のためのアドラー心理学―勇気づけで共同体感覚を育てる』図書文化社
- 会沢信彦（編）（2016）『小学校　子どもがかがやく　ポジティブ言葉かけ辞典―言いがちなNG表現をいろんなOK表現に変換』教育開発研究所
- 赤堀博行（2010）『道徳教育で大切なこと』東洋館出版社
- 赤堀博行（2013）『道徳授業で大切なこと』東洋館出版社
- 荒木紀幸（2017）『考える道徳を創る　小学校　新モラルジレンマ教材と授業展開』明治図書
- 浅見哲也（2020）『こだわりの道徳授業レシピ　～あなたはどんな授業がお好みですか？～』東洋館出版社
- 香川大学教育学部附属坂出小学校（2018）『主体的・対話的で深い学びの実現に向けて　授業を変える　～５つの視点～』文教社
- 香川大学教職大学院・香川県教育センター（2020）『道徳ラボ －校内研修の充実－ 30分で挑戦！演習用シート教材集』
- 文部科学省（2018）『小学校学習指導要領（平成29年告示）解説　特別の教科道徳編』
- 文部科学省（2018）『中学校学習指導要領（平成29年告示）解説　特別の教科道徳編』
- 諸富祥彦・土田雄一（2020）『考えるツール＆議論するツールでつくる　小学校道徳の新授業プラン』明治図書
- 澤田浩一（2020）『道徳的諸価値の探究　～「考え，議論する」道徳のために～』学事出版
- 七條正典・櫻井佳樹（監）植田和也・毛内嘉威・土田雄一・齋藤嘉則・松田憲子（編）（2020）『特別の教科 道徳　～授業力向上への一歩～』美巧社
- 清水顕人（2019）「振り返り場面における３色付箋を用いた道徳ノートの活用に関する一考察」、『道徳性発達研究』、第13巻第１号
- 横山利弘（2007）『道徳教育、画餅からの脱却 －道徳をどう説く－』暁教育図書
- 横山利弘（監）牧﨑幸夫・広岡義之・杉中康平（編）（2017）『楽しく豊かな道徳科の授業をつくる』ミネルヴァ書房

執　筆　者　一　覧

【監 修 者】	七條　正典	香川大学名誉教授（高松大学教授）	
	植田　和也	香川大学教育学部教授	
【編 著 者】	清水　顕人	香川大学教育学部准教授	Ⅰ章　Ⅱ章-3、6　Ⅲ章-11
	山本　健太	香川大学教育学部附属坂出小学校教諭	Ⅱ章-2、4、5　Ⅲ章-7、10
【執 筆 者】＊執筆順			
	坂井　　聡	香川大学教育学部附属坂出小学校長 香川大学教育学部教授	
	藪内　雅昭	香川大学教育学部附属坂出小学校副校長	Ⅱ章-1
	白川　章弘	まんのう町立仲南小学校教頭	Ⅲ章-1
	山路　晃代	多度津町立四箇小学校教頭	Ⅲ章-2
	好井　佑馬	香川大学教育学部附属坂出小学校教諭	Ⅲ章-3
	片岡亜貴子	香川大学教育学部附属坂出小学校教頭	Ⅲ章-4
	滝井　康隆	香川大学教育学部附属坂出小学校教諭	Ⅲ章-5
	藤本　博文	三豊市立詫間小学校教頭	Ⅲ章-6
	西吉　亮二	香川大学教育学部附属坂出小学校教諭	Ⅲ章-8
	竹森　大介	香川大学教育学部附属坂出小学校教諭	Ⅲ章-9
【表紙・イラスト】	造田　朋子	綾川町立昭和小学校教諭	
【執筆協力】	公立学校の先生方		Ⅲ章-先生方の声

さあ始めよう　道徳科授業づくり入門

2021年5月31日　初版発行
定価　1,430円（本体1,300円＋税10%）

監　修　七 條 正 典　植 田 和 也

編　者　清 水 顕 人　山 本 健 太

編集事務局　香川大学教育学部　清水顕人研究室内
〒760－8522
香川県高松市幸町１－１
TEL　087－832－1516

発　行　株式会社 美巧社
〒760－0063
香川県高松市多賀町１－８－10
TEL　087－833－5811

ISBN　978-4-86387-147-2 C1037